세상에 대하여 우리가 더 잘 알아야 할 교양

19

지은이 | 옮긴이 | 감수자 소개

지은이 **피트 무어** Pete Moore

브리스틀 트리니티 대학의 명예 연구원이자 의학 저널리스트 협회 회장입니다. 저서 《Blood and Justice》로 MJA Tony Thistlethwaite 상을 수상하였고, 의학 저널리스트로 활동하며 쓴 기사로도 수많은 상을 받았습니다. 윤리학 강의로까지 자신의 영역을 넓혀 가며 왕성한 활동을 하고 있습니다.

옮긴이 **서종기**

고려대학교 환경생태공학부를 졸업하고 인문사회, 자연과학 분야의 도서를 번역해 왔습니다. 현재 출판기획 및 전문번역가로 활동하고 있습니다. 주요 역서로는 《당신과 조직을 미치게 만드는 썩은 사과》《식물, 역사를 뒤집다》《나이키 이야기》《대화의 기술》《논증의 기술》《광물, 역사를 뒤집다》 등이 있습니다.

감수자 **이준호**

서울대학교 미생물학과 학사·석사 과정을 마치고 미국 캘리포니아공대에서 발생유전학으로 박사학위를 받았습니다. 현재 서울대학교 생명과학부에서 학생을 가르치면서 서울대학교 유전공학연구소 소장을 맡고 있으며, '예쁜꼬마선충'이라는 작은 동물의 발생과 관련된 기전을 연구하였습니다.

세상에 대하여 우리가 더 잘 알아야 할 교양

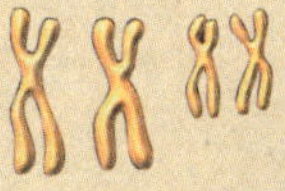

피트 무어 글 | 서종기 옮김 | 이준호 감수

19

유전 공학

과연 이로울까?

내인생의책

차례

※ 본문의 **굵은 글씨**로 표시된 단어는 98쪽 용어 설명에서 찾아보세요.

| 감수자의 말 |

생명 과학은 광범위한 학문입니다. 생명을 대상으로 생명 현상의 새로운 원리를 규명해 가는 모든 영역을 포함하고 있기 때문이지요. 그 생명 과학의 한 분야에 유전 공학이 있습니다. 유전 공학이라는 용어는 유전학(Genetics)이라는 전통적 생명 과학을 공학(Engineering)적인 기법과 접목했다는 의미로 합성된 용어입니다. 일반적으로 과학은 원리를 찾아가는 것이고 공학은 무언가를 만들어 가는 것이라고 한다면 과학과 공학을 묶어서 하나의 용어로 만든 것이 어색할 수 있지만, 과학을 직접 응용하는 융합적 응용 학문이라는 점을 강조하는 의미에서 유전 공학이라는 용어를 사용하였다고 이해하면 되겠지요. 더 구체적으로 유전 공학을 정의한다면(상당히 광범위한 의미를 가지며 따라서 모호한 개념일 수 있지만 굳이 정의한다면) 유전학적 과학 지식을 기반으로 생명 현상에 새로운 조작을 가하는 방법과 기술에 대한 학문이라고 할 수 있답니다.

20세기 후반에는 유전 공학이라는 용어가 아주 인기가 좋아서 우리나라 대학에도 유전 공학과가 많이 생겨났습니다. 지금은 유전 공학이 생명 과학의 한 방법론 정도로 간주되고 있습니다. 그래서 굳이 하나의 생명 과학 영역이라고 할 필요가 없지만 유전 공학이라는 용어가 대변해 주는 생명 과학의 공학적 응용 가능성의 의미는 무척 크다고 할 수 있지요.

이 책은 20세기 후반 이후에 폭발적인 성장을 이룬 유전 공학의 실제를 잘 설명함과 동시에 그 한계를 검토해 보자는 이야기를 들려주고 있습니다. 더불어 생명 과학의 현상 또는 결과를 바라보는 시각이 보는 사람에 따라 어떻게 달라질 수 있는지 다양한 사례를 통해 알려 줍니다.

과학은 중립적이라고 합니다. 심지어 과학은 국경이 없다고 말하지요. 하지만 현실에서의 과학은 뚜렷한 한계와 테두리를 가집니다. 똑같은 과학적 현상도 약간 다른 관점 또는 테두리에서 바라보면 다르게 해석되고 적용될 수 있지요. 그래서 과학자는 본인의 연구에 몰두하는 것도 중요하지만 그 연구에 대한 윤리적 함의에 대해서도 고민을 아끼지 말아야 한다는 걸 이 책에서는 참으로 쉽게 알려 줍니다. 생명 과학을 전공하고 가르치고 있는 입장에서 감사하다는 생각까지 들 정도로 말이에요.

독자 여러분에게는 우선 이 책이 설명하고 있는 유전 공학의 진보를 이해하는 것에 신경 쓰기를 권합니다. 그리고 이 책에서 제안하고 있는 다양한 관점을 본인의 머리와 가슴으로 느껴 보기를 바랍니다. 그러면 머리는 차갑게, 가슴은 뜨겁게! 이성과 감성이 어우러진 살아 숨 쉬는 과학의 현장을 느낄 수 있게 될 거예요. 그래서 이 책을 읽은 우리 청소년 중에서 미래에 보다 성숙된 윤리 의식을 갖춘 생명 과학자로 성장하는 이가 있다면 그보다 더 큰 보람은 없을 것입니다.

서울대학교 유전공학연구소 소장 **이준호 교수**

들어가며 : 유전 공학의 현재

1997년 봄, 전 세계는 복제 양 돌리가 탄생했다는 놀라운 소식을 접하게 되었습니다. 동물은 수컷의 정자와 암컷의 난자가 만나 새로운 생명이 만들어져요. 이때 부모의 유전자가 결합하는데, 이 과정에서 수컷과 암컷의 유전적 조합이 이루어지면서 독자적인 생명체가 탄생하게 되지요. 하지만 돌리는 일반적인 과정과는 다른 기이한 방식으로 태어났어요. 즉, 돌리는 암수 양을 교배시켜 태어나지 않았다는 뜻이에요.

과학자들은 우선 6살짜리 암양의 몸에서 분리해 낸 **젖샘** 세포를 유전자가 거의 제거된 난자 속에 집어넣었어요. 그런 다음 젖샘 세포와 난자가 융합할 수 있도록 전기 자극을 짧게 가했지요. 그러자 놀랍게도 난자와 젖샘 세포가 결합하여 '배아'로 자라나기 시작했어요. 이 배아는 암컷과 수컷의 유전자를 골고루 물려받은 일반 배아와 다르게 오로지 6살짜리 암양의 유전자만을 물려받아 만들어졌지요. 이런 기술을 **클로닝**(Cloning)이라고 해요.

한마디로 돌리는 젖샘 세포의 주인인 6살짜리 암양을 그대로 본뜬 복

스코틀랜드 국립 박물관에 전시된 복제 양 돌리의 박제.
세계 최초로 포유동물의 체세포에서 복제된 돌리는 로슬린 연구소(Roslin Institute)에서 실험을 통해 1996년 7월 5일에 태어났다. 하지만 2003년 2월 폐선종이 발견되어 안락사 되었다.

제 동물인 것입니다. 이 소식을 접한 대중과 대다수 과학자는 놀라움을 금치 못했어요. 사실 당시에도 클로닝 자체는 그다지 새로울 것이 없는 기술이었어요. 과학자들은 이미 수년간 개구리 같은 양서류의 생물 복제 작업을 해 왔었기 때문이지요. 또 정자와 난자의 결합으로 만들어진 초기 배아로 포유동물을 복제하는 데 성공한 사례도 있었어요. 하지만 돌리를 만든 방식은 이전의 클로닝과는 조금 달랐어요. 다 자란 포유동물의 체세포를 이용해 새로운 개체를 만들었기 때문이지요.

복제 양 돌리의 탄생은 인간 복제의 가능성을 점치게 하면서 많은 논쟁을 불러일으켰습니다. 이렇게 엄청난 기술을 허용해야 할지, 아니면 금지해야 할지 의문을 제기하는 이들의 목소리도 높아졌어요. 또한 이를 계기로 사람들은 유전 공학의 또 다른 효용을 생각하게 되었지요.

돌리가 나타나기 전까지 사람들은 과학계의 연구 결과에 크게 주목하지 않았습니다. 하지만 돌리의 탄생 뒤 각계각층에서 다양한 물음이 제기되었어요. 어떤 이들은 유전 공학의 새로운 가능성에 열광했지만, 일부에서는 유전자에 대한 새로운 정보가 늘어날수록 문제 역시 그만큼 늘어나게 될 것이라는 우려를 나타내기도 했답니다.

알아두기

- 유전자는 세포 내에 저장되는 생물학적 정보의 기본 단위로서 후손에게 전해진다. 대개 유전자는 세포의 각종 활동을 지시하는 일을 하며, 세포가 단백질을 만들 때도 여러 가지 유전자가 관여한다.

- 과학의 세계에서는 실험이 끝나는 시기와 그 결과가 일반 대중에게 공개되는 시기에 차이가 있다. 그 예로 돌리가 실제로 태어난 날짜는 1996년 7월 5일이지만 복제 양의 존재가 세상에 알려진 것은 그로부터 9개월이 지난 뒤였다. 시기의 차이가 나는 이유는 실제 결과가 발표되기 전까지 해당 연구가 적절하게 진행되었는지를 다시 한 번 확인하기 때문이다.

1
CHAPTER

유전자의 발견

DNA의 기본 구조를 알게 된 과학자들은 세포가 유전 정보를 어떻게 활용하는지에 초점을 맞추기 시작했습니다. 1960년대에는 네 가지 염기가 글자 4개로 이루어져 '문자'처럼 작용한다는 사실도 발견했지요. 사람의 유전 정보는 30억 개에 달하는 염기 속에 저장되어 있어요. 이는 문고판 책 6,000권에 실린 글자 수보다 많은 양이지요.

현대 유전 공학의 뿌리는 1822년에 태어난 오스트리아의 수도사 그레고르 멘델의 시대로 거슬러 올라갑니다. 멘델은 완두콩의 겉모양이나 꽃의 색깔 같은 식물의 특성이 다음 세대로 어떻게 이어지는지에 큰 관심이 있었어요. 그래서 멘델은 그 이유를 알아내기 위해 **인공 수분**을 이용했지요.

1866년 멘델은 수많은 실험 과정을 거쳐 드디어 부모가 몇 가지 물리적 인자를 전달해야만 자손이 꽃 색깔이나 완두 낱알의 모양 같은 각각의 특성을 물려받는다는 결론을 이끌어 냈어요. 그뿐만 아니라 완두콩의 색깔이나 모양 같은 서로 다른 특성들이 모두 똑같이 자손에게 전해지는 것이 아니라 각각 독립적으로 유전된다는 사실도 발견했지요.

DNA의 발견

멘델의 뒤를 이어 몇십 년 동안 다른 과학자들도 멘델과 같은 결론에 도달하게 되었어요. 그러자 과학자들은 '유전 정보는 우리 몸의 어디에 저장되는 걸까?'라는 의문을 품게 되었지요. 그리고 과학자들은 연구를 통해 모든 생물의 몸은 세포로 이루어져 있고, 모든 유전 정보는 그 세포

안에 있다는 걸 알아냈지요.

생물의 몸이 더 크게 자라려면 세포가 성장하고 분열해야 해요. 이때 분열된 세포의 유전 정보는 모두 똑같아요. 이렇게 똑같은 유전 정보를 갖기 위해서는 각각의 정보를 복제하여 새로운 세포에 전달하는 과정이 필요하지요.

오스트리아의 한 수도원에서 정원 일에 몰두하고 있는 그레고르 멘델.
그가 했던 실험은 유전자와 유전학을 이해하는 데 꼭 필요한 발판이 되었다.

20세기에 들어와 과학자들은 유전 정보가 **세포핵**에 저장된다는 사실을 확인했습니다. 그리고 핵 속에서 유전 정보 복제를 가능하게 하는 물질이 **디옥시리보핵산**, 즉 DNA라는 **분자**임을 발견하게 되었지요.

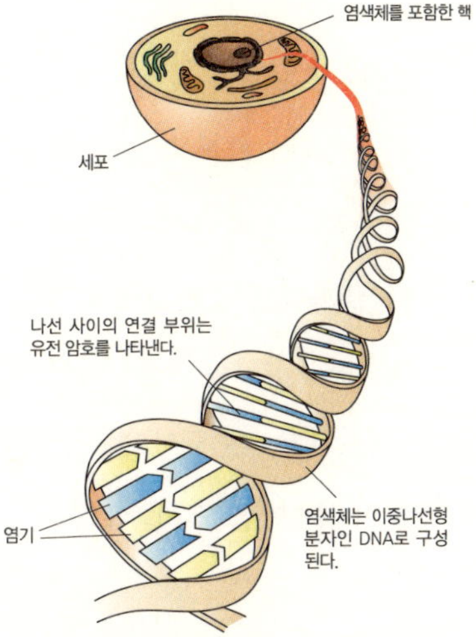

세포핵 내부의 **염색체** 하나를 풀어서 길게 늘였을 때의 DNA 모습.

하지만 DNA가 어떤 식으로 정보를 저장하고 복제한 정보를 새로운 세포에 전달하는지를 알기는 쉽지 않았습니다. 그러던 중 1953년에 프랜시스 크릭과 제임스 왓슨이 DNA의 구조를 발견하면서 이 문제가 해결되었지요.

두 과학자는 DNA 분자가 서로 휘감은 두 가닥의 나선으로 이루어졌다는 걸 밝혀냈습니다. 두 나선은 **염기**라고 하는 네 가지 **원자** 집단으로 연결되는데, 각각의 염기를 A, T, C, G로 표시해요. 크릭과 왓슨은 이 네 가지 염기가 일종의 암호를 구성한다는 사실을 알아냈어요. 게다가 두 나선이 연결된 모양을 관찰하여 유전 정보가 복제되는 방식에 대한 실마리도 얻을 수 있었지요.

알아두기

DNA가 모두 세포핵에만 있는 것은 아니다. 세포 안에 있는 소시지 모양의 작은 기관인 미토콘드리아에도 미량의 DNA가 존재한다.

유전 암호

DNA의 기본 구조를 알게 된 과학자들은 세포가 유전 정보를 어떻게 활용하는지에 초점을 맞추기 시작했습니다. 1960년대에는 네 가지 염기가 글자 4개로 이루어져 '문자'처럼 작용한다는 사실도 발견했지요. 사람의 유전 정보는 30억 개에 달하는 염기 속에 저장되어 있어요. 이는 문고판 책 6,000권에 실린 글자 수보다 많은 양이지요. 흔히 이 정보를 통틀어 **유전 암호**라고 합니다.

DNA 분자 모형 옆에 선 프랜시스 크릭. 그는 DNA 구조를 밝힌 과학자 중 한 사람이다.

사실 유전 암호는 놀라우리만치 단순했습니다. 올바른 순서로 글자를 배열했을 때 정보가 가장 정확히 전달되는 것처럼 세포도 네 가지 염기를 일정한 순서로 배열하여 유전 암호를 만들었기 때문이지요.

1960년대 말 과학자들은 DNA에서 특정한 염기 배열을 정확하게 잘라 내는 **제한 효소**를 발견했습니다. 이후 과학자들은 제한 효소를 이용해 유전 암호에 포함된 여러 유전자의 위치도 찾아냈지요. 또한, 과학자들은 각각의 유전자를 떼어 내어 유전자의 염기 배열을 분석하기 시작했습니다. 그 결과 하나의 유전자에는 수천 개의 염기가 들어 있으며, 염기 하나만 바뀌어도 해당 유전자의 활동이 멈출 수 있다는 사실이 밝혀졌지요. 또한 몸속에서 중요한 역할을 맡은 유전자가 활동을 멈추면 세포 자체도 크게 손상을 입는다는 것도 알게 되었어요.

세포가 망가진 식물이나 동물은 질병에 걸리기도 합니다, 고장 난 유전자 때문에 생기는 병이라는 의미에서 '유전병'이라고 불러요. 하지만 간혹 유전 암호에 일어나는 작은 변화로 인해, 세포 내에 기존 유전자와는 조금 다른, 혹은 기능이 향상된 유전자가 생겨나기도 했어요. 생물은 이렇게 우연히 생긴 유전자의 변화로 끊임없이 진화해 왔답니다.

유전체의 염기 배열을 확인하는 한 단계. 이 점무늬 형태를 컴퓨터가 읽어 들여 유용한 정보로 변환한다.

공통의 언어

유전학자들이 여러 식물과 동물을 연구하면서 명확히 밝혀낸 사실이 있습니다. DNA는 **박테리아**는 물론 각종 식물과 동물 그리고 인간의 몸속에도 모두 존재한다는 거예요. 즉, 모든 생명체는 유전 정보를 DNA에 보관한다는 것이지요. 또한 한 생물체 내에서 특정 단백질을 생산하는 유전자가 다른 생물의 몸에 이식되어도 같은 물질을 생산할 수 있다는 것도 알게 되었지요.

이러한 연구 결과 덕분에 사람들은 유전자의 합성이나 변형 등을 연구하는 '유전 공학'에 눈 뜨게 되었습니다. 예를 들어, 의학 치료용으로 쓰이는 인체 단백질을 생산하는 유전자를 박테리아의 몸속에 집어넣으

알아두기

사람의 유전 정보는 30억 개의 '문자(염기)'로 이루어져 있다. 그리고 이 문자로 구성된 유전자 23,000개가량이 23쌍의 염색체에 나뉘어 들어간다. 사람의 염색체 수는 성염색체 1쌍과 상동염색체 22쌍으로 총 46개이다.

면, 박테리아가 곧바로 의학 치료용 인체 단백질을 만들어 낼 수 있다는 걸 이용해 큰 비용을 들이지 않고 질병을 치료할 수 있는 방법을 연구하게 된 거예요.

유전 공학의 발달로 인간은 유전 암호에 의한 명령을 식별하고 염기 배열을 읽고 조절할 수 있게 되었습니다. 그래서 다른 생명체의 유전자를 또 다른 생명체의 몸속에 옮겨 넣을 수 있게 되었지요. 하지만 생물체의 유전자를 조작할 능력이 생겼다고 해서 이 힘을 활용하는 것이 옳은 일일까요?

DNA의 염기 배열을 분석하려면 수년에 걸쳐 면밀한 연구가 필요하다.
아직도 많은 동물과 식물, 박테리아와 **바이러스**의 염기 배열이 밝혀지지 않은 상태이다.

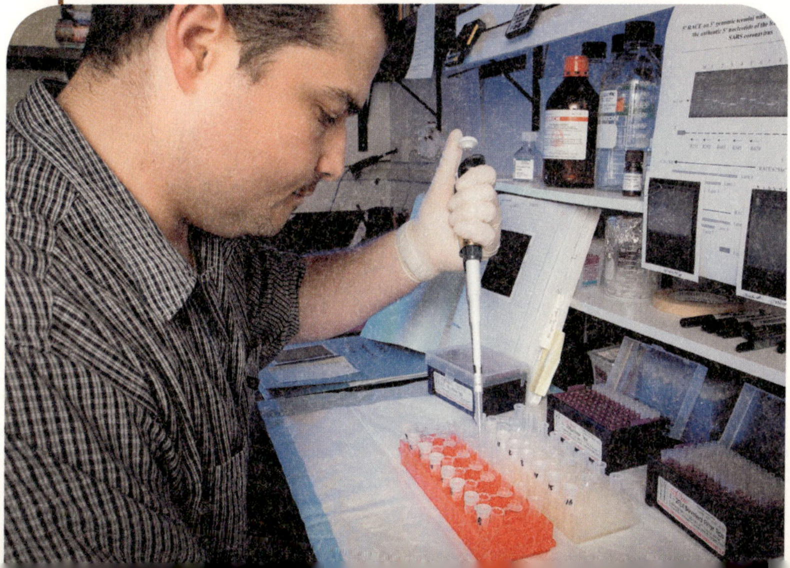

간추려 보기

- 유전 공학은 개별 세포 또는 생물 전체의 유전자에 영향을 미치는 여러 가지 기술을 포함한다.
- 클로닝은 유전 공학의 특성을 매우 극단적으로 드러낸 사례에 속한다.
- 유전 정보를 구성하는 요소는 DNA다.
- DNA는 A, T, C, G라는 네 가지 염기를 이용한 일종의 암호로 구성된다.
- 염기의 배열 순서는 세포가 받는 명령을 나타낸다.
- 과학자들은 유전 공학 기술을 이용해 염기 배열을 읽고 조작한다.

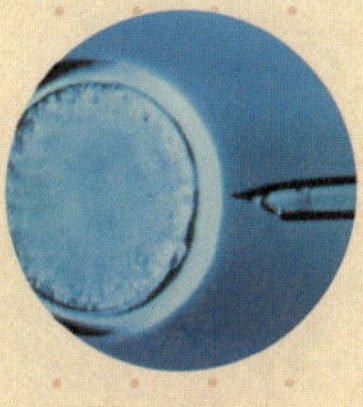

2
CHAPTER

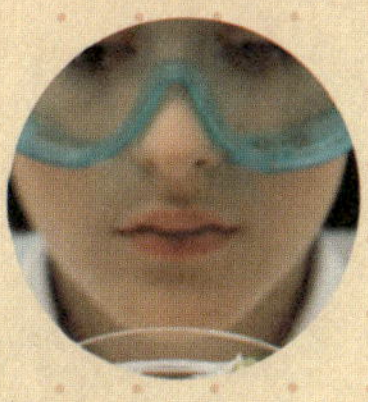

농업 분야에서의 유전 공학

유전 공학은 미래의 여러 가지 가능성을 보여 줍니다. 그중 한 가지는 동물의 유전자를 변형시키는 것이지요. 이것을 '유전자 변형(Genetic Modification, GM)'이라고 해요. 이 기술로 가축의 몸에 성장 호르몬 유전자를 추가할 수도 있게 되었어요. 여기서 성장 호르몬이란 동물의 성장을 촉진하는 단백질 호르몬으로, 이것이 동물의 혈액 속을 이동하면서 성장과 관련된 여러 요소를 조절하지요.

농부들은 소, 돼지와 같은 가축은 물론 우유와 계란, 옥수수와 콩 같은 사람들에게 필요한 먹을거리를 공급해 오면서 유전적 형질이 우월한 종자를 선별해 왔습니다. 그 결과 가축과 농작물은 사람들이 원하는 특별한 요구 사항에 맞춘 품종으로 개량되어 왔지요. 예를 들어, 얼룩덜룩한 프리지언(Friesian) 품종의 젖소는 우유를 많이 생산하지만 도축을 하면 고기의 양은 매우 적었어요. 반면 까만 애버딘앵거스(Aberdeen Angus) 품종의 소는 우유는 거의 나오지 않지만 생산되는 고기의 양이 많았지요.

유전 공학과 육종

이처럼 사람들은 생물의 유전적 형질을 원하는 대로 개량했습니다. 이것을 **육종**이라고 해요. 하지만 육종을 통해 원하는 결과를 내기까지는 여러 해가 걸렸어요. 그래도 지금은 유전 공학에 대한 정보와 기술이 많이 발전하고 있어서 그 과정이 조금은 빨라졌지요.

유전 공학의 활용은 점점 더 다양해지고 있습니다. 새로운 유전자를 동물의 몸속에 주입하는 것도 육종의 한 가지 방법이에요. 동물의 몸속으로 들어간 유전자는 동물의 성장 속도를 높일 수 있도록 영양소를 효율적으로 사용하게 도와요. 그 결과 우리는 더 빨리 더 많은 양의 고기와 우유를 얻을 수 있지요.

유전 공학자들은 동물의 몸속에 어떤 유전자가 있는지 알아낸 후, 그 정보를 이용해 육종 계획을 세웁니다. 그런 다음 특정한 형질을 더욱 정밀하게 골라내어 더 좋은 품종을 만들었어요. 물론 특정 형질을 골라내는 것이 생물에 직접적으로 유전적 변형을 가했다고는 할 수 없어요. 하지만 새로운 품종을 만들어 내는 데 유전 공학이 큰 역할을 한 건 분명한 사실이지요.

전통적인 육종 방법은 사육자가 다음 세대에 물려주고 싶은 형질을 지닌 동물의 암컷과 수컷을 선별해 짝짓기를 시켜 새끼를 얻는 것입니

유전 공학 기술 중에는 정자를 난자에 직접 주사하는 방법도 있다. 둥근 난자를 아주 얇은 튜브 끝에 고정한 뒤 미세한 유리 바늘로 난자에 구멍을 뚫고 안으로 정자 한 마리를 주입한다.

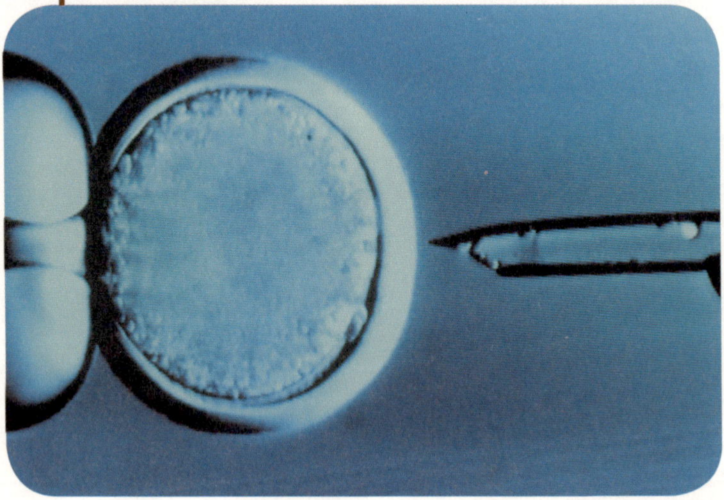

다. 이 방법으로 육종을 했을 경우, 육종의 성공 여부를 알기까지는 오랜 시간이 걸립니다. 예를 들어, 젖소를 육종할 경우 짝짓기 후에 송아지가 태어나기까지 9개월을 기다려야 해요. 송아지가 태어나더라도 성장해서 우유를 생산하기까지는 2년 정도를 더 기다려야 하지요. 결국 젖소를 육종한 후 육종 계획에 맞는 젖소가 태어났는지 확인하는 데는 3년에 가까운 시간이 걸리게 됩니다.

그런데 이제는 가축의 수컷과 암컷으로부터 정자와 난자를 채취하여 실험실에서 배아를 만들 수 있게 되었습니다. 또 배아에서 세포를 추출해 유전자의 특성을 조사할 수도 있지요. 그래서 육종 속도가 빨라지고, 육종의 성공률도 높아지게 되었어요. 원하는 특성의 배아를 찾아내 암소의 자궁에 이식하고 그것이 자라길 기다리기만 하면 되니까요.

이러한 육종법은 낙농업 분야에 혁명을 일으켰습니다. 방목으로 기르는 소보다 10배나 많은 우유를 생산할 수 있게 되었거든요. 대량으로 생산된 우유는 저렴한 가격으로 소비자에게 공급되었어요. 하지만 엄청난 양의 젖을 매일 제공해야 했던 소는 스트레스와 질병에 시달리게 되었습니다. 그래서 6~7년이 지나면 더 이상 신선한 우유를 생산할 수 없게 되었지요. 그럼 병든 소는 도축되어 저등급 고기로 팔려 나갔어요. 원래 방식대로 방목하여 기르면 25년까지도 살 수 있는데 말이에요.

현재 개발 도상국의 과학자들은 소가 고온에도 잘 견디고 적은 양의 물로도 생존할 수 있게 하는 유전자를 찾는 연구를 하고 있습니다. 이 연구가 육종으로 이어진다면 개발 도상국의 가난한 농부들은 더운 날씨와 가뭄에도 잘 견디는 소를 키울 수 있게 될 것이라고 해요.

집약적 사육
몇 세기에 걸친 선별적 육종으로 닭이 최대 크기로 자라는 시간이 12주에서 6주로 줄어들었다. 유전 공학은 훨씬 더 짧은 시간에 이와 유사한 변화를 일으킬 수 있다.

유전자 변형 가축들

유전 공학은 미래의 여러 가지 가능성을 보여 줍니다. 그중 한 가지는 동물의 유전자를 변형시키는 것이지요. 이것을 '유전자 변형(Genetic Modification, GM)'이라고 해요. 이 기술로 가축의 몸에 성장 **호르몬** 유전자를 추가할 수도 있게 되었어요. 여기서 성장 호르몬이란 동물의 성장을 촉진하는 단백질 호르몬으로, 이것이 동물의 혈액 속을 이동하면서 성장과 관련된 여러 요소를 조절하지요.

과학자들은 우월한 성장 호르몬 유전자를 복제하여 양에게 주입하는 실험을 했습니다. 그 결과 유전자가 조작된 양은 체격도 더 커지고 성장 속도 역시 빨라진다는 사실을 발견하게 되었지요. 게다가 이런 양은 젖을 2배나 많이 생산하고, 털도 더 빨리 자랐답니다. 그런데 이 유전자 변

알아두기

현재 식용으로 사육되는 닭은 부화하여 다 자라기까지 6주도 채 걸리지 않는다. 이는 소비자에게 닭고기가 값싸게 공급된다는 뜻이기도 하다. 하지만 그렇게 자란 닭은 뼈가 약해서 골절상을 입기 쉽다. 또한 좁은 공간에 많은 수를 가둬 키우면 닭들이 질병에 빠른 속도로 전염될 수도 있다.

형 양은 일반적인 양보다 신경을 더 많이 기울여야 한다는 문제가 있었어요. 몸이 크게 자라는 것에 비해 체중이 적게 나가고 **당뇨병**에 걸릴 가능성도 매우 높았기 때문이지요. 발굽도 보통 양보다 빨리 자라서 손질을 더 자주 해야 했답니다.

미국 축산 시장에서 수의사가 소에게 성장 호르몬을 투여하고 있다. 경매에 나온 소 대다수는 소량의 호르몬 주사를 맞는다. 결국 농부들은 성장 속도가 더 빨라진 소를 키우게 되는 것이다.

서로 다른 관점

생명의 기본적인 구성 요소를 건드리는 것은 극히 위험한 일이다. 그건 '동물을 자기 마음대로 해도 상관없다'는 식의 연구 철학과 바로 맞닿은 생각이다.

– 피터 우드 동물을 윤리적으로 대하는 사람들의 모임(PETA) 대변인

성장 속도의 증가, 질병에 대한 저항력 강화, 번식 주기의 변경, 순환 여과식 양식장의 효율성 증대 등은 바다 경작을 꿈꾸는 인류의 대담하고 새로운 모험에 반드시 필요한 요소이다.

– 아쿠아 바운티 테크놀로지의 웹 사이트

단백질 생산 공장

유전자 조작은 동물에게 새로운 능력을 부여합니다. 이제 유전자 조작으로 동물의 몸속에서 필요로 하는 단백질을 얻을 수도 있게 되었지요. 이미 몇몇 동물들은 젖에서 의약 성분을 생산하고 있고, 어떤 닭들은 특수한 단백질이 포함된 달걀을 낳도록 유전자 조작을 거치기도 했어요. 이제는 이렇게 생산된 젖이나 알을 모아 그 속에서 필요한 단백질만 정제하는 것이 그리 어렵지 않은 일이 되었답니다.

이렇듯 지금 우리는 유전자 조작으로 동물로부터 유용한 물질을 얻게 되었습니다. 하지만 일부에서는 이런 방법으로 동물을 단백질 생산 공장으로 탈바꿈시키는 것이 윤리적으로 타당한지 의문을 제기하고 있어요.

반면에 이미 기존의 농업이 동물을 젖과 고기와 가죽을 만드는 공장으로 전락시킨지 오래라고 말하고 있는 사람들도 있지요.

유전자 변형 작물

상업적으로 재배되는 유전자 변형 작물의 종류는 그리 많지 않습니다. 그런데 현재 전 세계 수만 제곱킬로미터에 달하는 농토를 뒤덮고 있는 것은 그 변형된 농작물들이지요. 식물의 유전자 변형은 대부분 병해충이나 잡초로부터 작물을 보호하기 위해서 시작되었어요. 전 세계 농작물의 약 25퍼센트가 유해 곤충 때문에 피해를 입고 있기 때문이지요. 이는 약 10억 명, 그러니까 세계 인구 중 6분의 1이 먹을 양이라고 해요. 게다가 2050년경이 되면 전 세계 인구가 적어도 90억 명에 이른다고 하니 어쩌면 우리는 식물의 유전자를 조작하는 문제에 더 많은 관심을 기울여야 할지도 몰라요.

몸에 형광 유전자가 삽입된 생쥐의 모습이다. 현재 한 동물에서 다른 동물로 유전자를 옮기는 방법이 여러 모로 개발되고 있다. 그런데 이따금 유전자 이식 작업이 잘되었는지 확인하기 어려울 때가 있다. 그래서 과학자들은 그 성공 여부를 파악하기 위해 자외선을 쬐면 세포에서 빛을 내는 유전자를 함께 넣기도 한다.

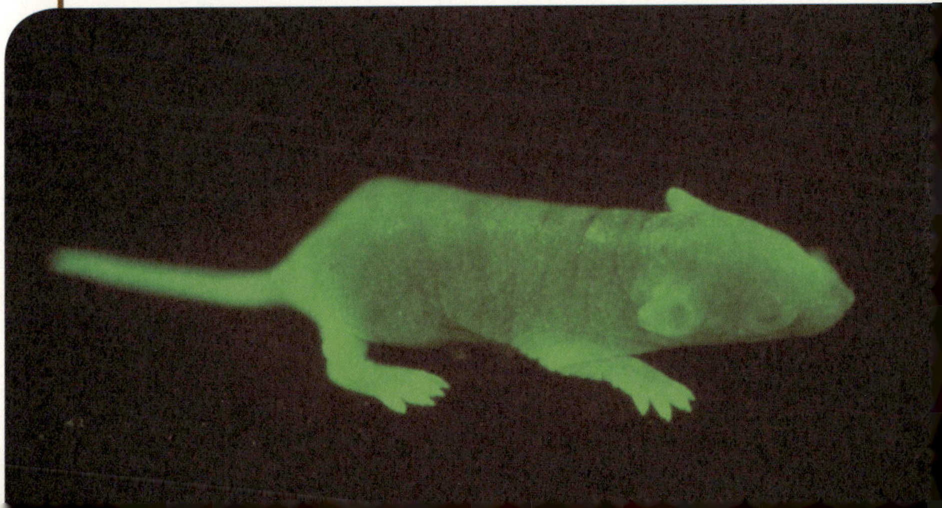

사례탐구 **빨리 자라는 연어**

미국 매사추세츠 주에 있는 아쿠아 바운티 테크놀로지 사는 일반 연어보다 성장 속도가 2배나 빠른 연어를 만들었다. 아쿠아 바운티의 과학자들은 햇볕이 강하게 내리쬘 때만 성장하는 평범한 연어의 체내에 대구류의 유전자를 주입해 빛을 적게 쬐어도 발육할 수 있도록 변형시켰다. 이렇게 유전자가 변형된 연어는 빛이 없는 곳에서도 성장할 수 있어 일반 연어보다 빨리 자랐다.

과학자들은 변형된 연어의 모양과 맛이 일반 연어와 차이가 없고 키우는 비용도 덜 든다고 주장했다. 하지만 변형된 연어가 식용으로 안전할지는 몰라도, 만에 하나 양식장을 탈출하게 된다면 자연 생태계에 악영향을 미칠 수 있다는 우려의 목소리도 나오고 있다. 빠르게 성장하는 유전자 변형 연어가 모든 먹잇감을 먹어치운다면 평범한 물고기들이 멸종할 위험성이 있기 때문이다.

현재 세계적으로 가장 널리 재배되는 유전자 변형 작물은 '라운드업 레디 콩(Round-up Ready soya)'이에요. '라운드업'은 거의 모든 식물을 죽이는 강력한 제초제로, 라운드업 레디 콩의 유전자는 이 농약에 내성을 지니도록 조작된 작물이지요. 지난 2002년의 통계 자료를 보면 전 세계에서 재배된 콩의 절반 이상이 유전자 조작 콩이라고 해요. GM 작물을 지지하는 사람들은 이런 식물이 기르기도 더 쉽고 비용도 적게 든다고 말하고 있어요.

일반 콩을 심기 위해서는 밭을 갈아 잡초를 제거한 뒤에 몇 가지 제초

콩은 전 세계인의 먹을거리에서 큰 비중을 차지하고 있다. 전 세계 기아 문제를 완화하고자 과학자들은 병충해로부터 콩을 보호하고 콩의 성장력을 높이는 방법을 연구 중이다.

제부터 뿌립니다. 그리고 그 밭에 심은 콩이 자라는 동안에도 잡초가 자라지 못하도록 제초제를 계속해서 뿌려 주어야 하죠. 일부 사람들은 이런 작업이 시간도 많이 들고 더 많은 화학 약품과 제초제를 사용할뿐더러 농약을 뿌리기 위해 사용되는 장비의 연료 소모량도 만만치 않다고 주장해요. 반면에 라운드업 레디 콩은 이 과정을 손쉽게 만들어 주었어요. 밭에 이 콩과 잡초가 그냥 자라도록 한 뒤에 라운드업 제초제를 한 번 뿌려주기만 하면, 라운드업에 저항성이 있는 콩을 제외하고 모든 잡

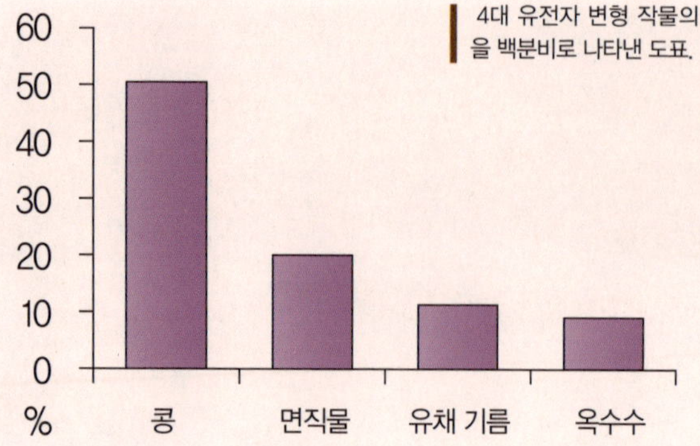

4대 유전자 변형 작물의 수확량을 백분비로 나타낸 도표.

초가 죽게 되었거든요. 콩이 무성하게 자란 뒤에는 땅바닥으로 빛이 닿지 않아 새로운 잡초가 자리지 못하는 효과까지 얻을 수 있었어요. 결국 그 땅은 잡초가 없는 농토가 되고, 농부들은 시간과 돈을 아낄 수 있게 되었지요.

또 다른 유전자 변형 작물인 비티옥수수(*Bt-maize*)는 현재 전 세계 농토 중 12만 제곱킬로미터를 차지하고 있어요. 비티옥수수는 옥수수에 바실루스 튜링기엔시스(*Bacillus thuringiensis*)라는 박테리아의 유전자를 삽입한 작물로, 조명나방 같은 해충을 죽이는 단백질을 스스로 만들어 낼 수 있지요. 이런 GM 작물에도 살충제를 뿌릴 필요가 없답니다.

GM 작물의 안전성

GM 작물이 먹이사슬에 유입되면 어떤 문제가 일어날까요? GM 유채씨로 만들어지는 유채 기름을 보면 위험성은 그리 심각해 보이지 않습니다. 유채 기름은 GM 유채 씨에서 유전자가 조작된 식물의 구성 물질은

씨 속에 그대로 남겨둔 채 기름만 짜내기 때문이지요. 이 기름은 평범한 유채씨에서 짜낸 기름과 완전히 똑같아요. 하지만 문제는 기름을 추출하고 남은 찌꺼기에 있어요. 이 찌꺼기가 농장으로 옮겨져 가축들의 먹이가 되고 있기 때문이지요. 그렇다면 이런 사료를 먹은 동물들에게는 아무런 문제가 없는 걸까요? 또 이런 일들이 비단 동물들만의 문제일까요? 유전자가 조작된 식물을 그대로 섭취했을 때 음식물 알레르기 같은 문제가 발생할 수 있다고 주장하는 사람들도 있어요. 하지만 이미 미국의 수많은 사람이 매일 GM 작물로 만든 식품을 먹고 있으며 거기서 발생한 문제는 전혀 없다고 반론을 펴는 사람들도 있지요.

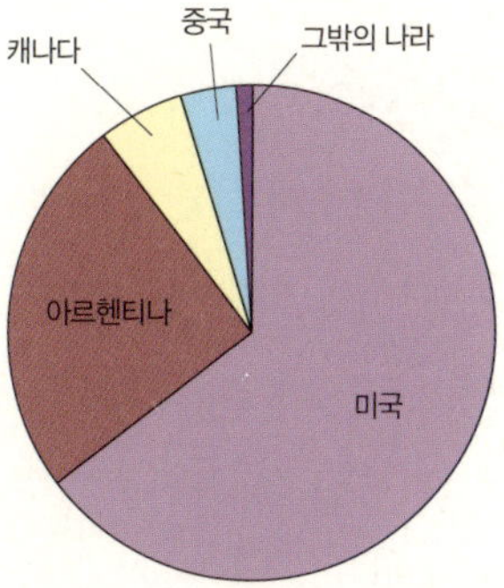

전 세계 유전자 변형 작물의 99%가 4개 국가에서 재배되고 있다.

GM 작물은 환경에 어떤 영향을 미칠까요? 살충 유전자를 가지고 있는 작물은 실제로 주변 지역의 곤충 수를 줄이고 있다고 합니다. 그렇게 되면 그곳에서 곤충을 먹고 사는 새의 수 역시 줄어들게 되겠지요. 과연 이런 현상이 바람직한 걸까요?

영리를 추구하는 기업

농부들은 한 해 농사가 끝나면 재배한 작물들을 내다 팝니다. 그러나 모두 팔지는 않고 다음 해 농사에 쓸 종자는 반드시 남겨 두어요. 특히 가난한 나라에 사는 농부라면 더욱 그렇지요. 그러나 GM 작물을 만들어 내는 기업은 매년 새로운 작물의 종자를 팔아 돈을 벌어야 합니다. 그래야만 연구에 들인 돈을 회수할 수 있기 때문이에요. 게다가 연구 비용만이 아니라 연구 결과를 이용해 더 큰 이윤을 내려고 하지요. 그래서 이런 회사들은 새로운 종자에서 자란 작물이 더 크고 수확량도 많아 더 큰 이익을 안겨 줄 거라고 농부들을 설득합니다. 하지만 이런 회사의 주장을 비판하는 이들도 있어요. 농부들이 매년 새로운 종자를 살만큼 형편이 넉넉하지 못하다는 이유에서이지요. 그리고 그들은 가난한 농부의 돈이 부유한 기업을 먹여 살리는 데 쓰이는 것은 부당하다고 말합니다.

간추려 보기

- GM 농산물의 찬성론자들은 이 연구가 식량 생산을 늘리게 될 것이라고 믿고 있다.
- GM 농산물의 반대론자들은 자연의 이치에 간섭하는 행위가 위험하다고 말한다. 또한 식량 공급이 필요한 쪽은 전 세계의 가난한 사람들인 반면에 실제로 유전 공학 기술을 이용하는 쪽은 부유한 사람들뿐이라고 주장한다.

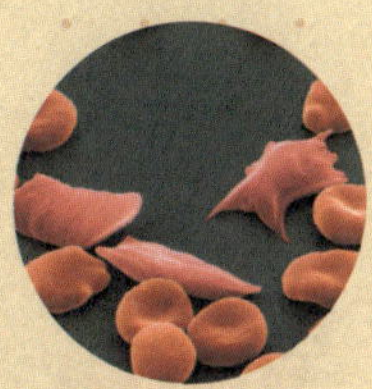

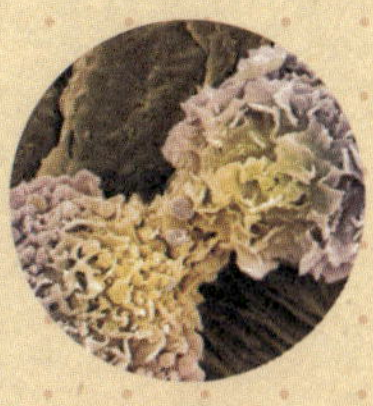

3

CHAPTER

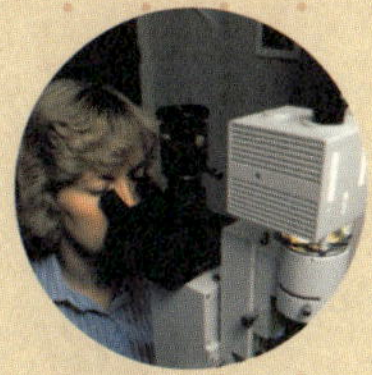

의학 분야에서의 유전 공학

유전 공학의 활용도는 의학 분야에서 점점 더 커지고 있습니다. 그중에서도 가장 큰 변화를 겪고 있는 건 암 치료 부문이지요. 지난 세월 암은 우리에게 아주 무서운 병이었어요. 2005년 한 해 동안 전 세계 사망 인구 5,800만 명 중 약 760만 명이 암으로 목숨을 잃었다고 해요. 의학계에서는 지난 20년 동안 암을 일으키는 원인을 밝혀내고 치료하는 방법을 연구해 왔어요. 이는 과학자들이 암으로부터 세포를 보호하는 유전자가 무엇이고 또 이런 유전자가 '잘못되었을 때' 어떤 문제가 발생하는지 밝혀낸 덕분이었지요.

유전 공학의 활용도는 의학 분야에서 점점 더 커지고 있습니다. 그중에서도 가장 큰 변화를 겪고 있는 건 암 치료 부문이지요. 지난 세월 암은 우리에게 아주 무서운 병이었어요. 2005년 한 해 동안 전 세계 사망 인구 5,800만 명 중 약 760만 명이 암으로 목숨을 잃었다고 해요. 의학계에서는 지난 20년 동안 암을 일으키는 원인을 밝혀내고 치료하는 방법을 연구해 왔어요. 이는 과학자들이 암으로부터 세포를 보호하는 유전자가 무엇이고 또 이런 유전자가 '잘못되었을 때' 어떤 문제가 발생하는지 밝혀낸 덕분이었지요.

암세포

우리 몸속의 건강한 세포는 계속해서 성장하는 것이 아니라 일정한 성장 과정을 거친 뒤에는 성장을 멈춥니다. 그런데 세포가 통제 불능 상태가 되면 몸에 문제가 생기게 되지요. 세포가 쉬지 않고 성장과 분열을 계속하는 것은 결코 정상적인 과정이 아니기 때문이에요. 이때 문제가 생긴 세포들은 체내의 각종 기관에 침투하여 몸이 정상적인 활동을 할 수 없도록 방해하기 시작해요. 이런 세포를 수술로 제거하거나 치료하지 않으면 건강이 악화되고 심하면 사망에 이르게 되지요.

각각의 세포는 다양한 유전자의 통제를 받습니다. 어떤 유전자는 세포의 건강 상태를 감시하는 단백질을 만들고 어떤 유전자는 세포의 성장과 분열 시간을 조절하지요. 이런 유전자들이 협력하여 건강한 세포만 성장하도록 관리해요. 상태가 좋지 않은 세포는 회복을 위해 잠시 활동을 멈추는데, 만약 그 손상이 너무 심각할 때는 자신을 파괴하기도 해요. 그런데 이렇게 세포를 감시하고 성장을 제어하는 유전자에 여러 가지 오류가 누적되면 암이 생기게 되지요.

암 치료가 까다로운 것은 암세포만 죽이고 주변의 건강한 세포에는

현미경으로 본 정상적인 유방 세포다. 이 세포에서 일부 유전자가 손상되면 종양이 생기게 된다.
유방암은 해마다 전 세계에서 50만 명에 달하는 여성을 죽음으로 몰아가고 있다.

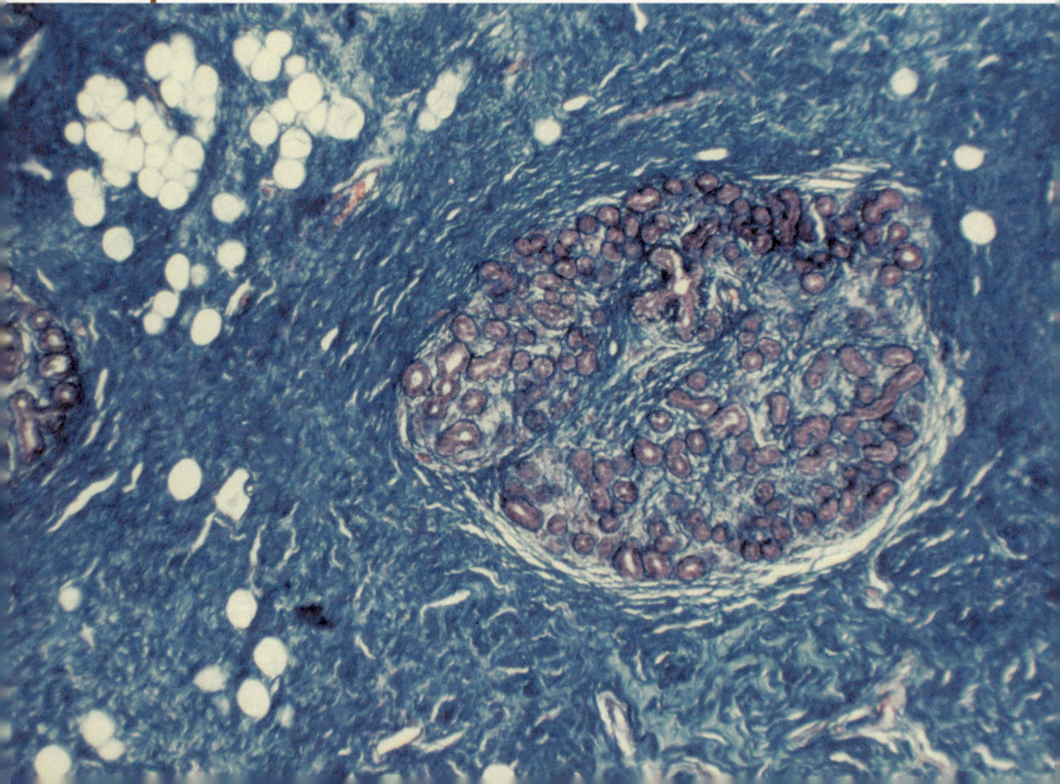

해를 주지 않는 약물을 찾기가 어렵기 때문입니다. 그러나 암의 유전적 특성이 연구되면서 암세포와 일반 세포의 차이가 점차 밝혀지고 있어요. 그래서 암세포만을 골라서 공격하는 신약을 개발하고 있답니다.

알아두기

요즘은 발암 유전자나 특정 질병을 일으키는 유전자에 대한 이야기가 여기저기서 자주 들리고 있다. 유전자는 대개 세포에 필요한 단백질을 만들어 생물이 건강한 삶을 이어 가도록 돕는 역할을 한다. 그런데 유전자의 작동 오류로 **돌연변이**가 생기면 문제가 일어난다. 이렇게 변형된 유전자는 병을 일으키는 불완전한 단백질을 생산하거나, 특정 질환에 대한 방어 능력을 잃게 된다. BRCA1과 BRCA2는 흔히 유방암 유전자로 불리는데, 원래 BRCA 유전자는 암 발생을 막는 단백질을 만든다. 그러나 BRCA1과 BRCA2에 돌연변이가 발생하면 여기서 생산되는 단백질이 제 역할을 하지 못해 인체가 암 발생 억제 능력을 잃게 된다. 따라서 암에 걸릴 위험이 커지게 되는 것이다.

동물 실험

일부 과학자들은 암을 일으키는 유전자를 이해하려면 동물 실험이 반드시 필요하다고 말합니다. 암 연구에 널리 사용되는 동물은 생쥐예요. 매년 수십만 마리의 생쥐가 연구에 쓰이고 있지요. 그중 대부분은 유전공학 기술에 의해 변형되고 있어요. 과학자들은 생쥐의 유전자를 조작해 체내에 특정한 암이 생기도록 하거나 특별한 약물 실험에 적합하도록 실험을 하고 있지요. 반면에 동물 실험에 반대하는 과학자들은 시험관에서

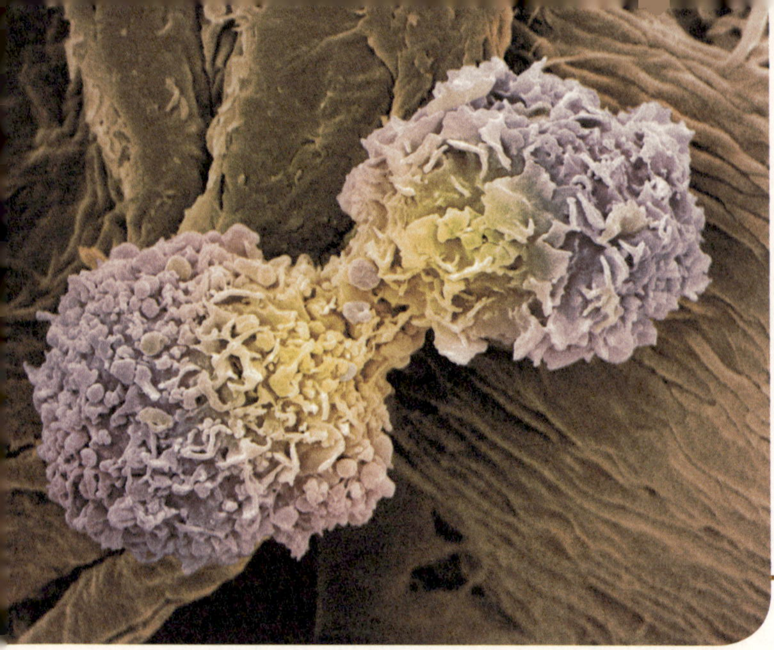

유방의 암세포를 확대한 현미경 사진. 암세포는 유전자가 보내는 성장 중지 신호에 반응하지 않고 빠른 속도로 증식하여 종양으로 자라난다.

성장한 세포에서 정보를 수집해 연구를 해요. 그러나 동물 실험을 하는 과학자들은 시험관에서 자란 세포와 실제 동물 세포의 반응이 크게 다르므로 그러한 연구 방법에는 항상 제약이 따른다고 주장하고 있어요.

선별 검사

유전 공학 덕분에 질병 치료 방법에 변화가 나타나는 한편, 특정한 병이 발생할 위험성을 미리 살펴보는 검사도 가능하게 되었습니다. 이러한 검사를 '선별 검사'라고 하는데, 이는 유전자에 나타난 변화와 특정 질환의 연관성을 찾아내는 실험이에요.

헌팅턴 무도병(Huntington's chorea)은 뇌에 필요한 단백질을 생산하는 유전자에 결함이 생겨 나타나는 병입니다. 부모로부터 자식에게 유전되는 병으로, 만약 양친 중 한쪽이라도 이 병을 앓고 있다면 자식 역시 같은 병에 걸릴 확률이 50퍼센트라고 해요.

헌팅턴 무도병 유전자를 보유하고 있더라도 이 병이 발병하기 전까지는 보통 사람과 마찬가지로 정상적인 생활을 합니다. 하지만 막상 이 병이 발병하게 되면 기억력 장애나 공격적인 행동을 보이고 근육을 제어하는 능력을 잃게 되지요. 주로 30세에서 50세 사이에 발병하는데, 아직 이 질병의 치료 방법은 없다고 해요.

그런데 오늘날에는 이런 문제 유전자를 선별 검사로 확인할 수 있게 되었습니다. 유전 공학의 힘을 이용해 헌팅턴 무도병 유전자를 보유하고

선별 검사를 하면 **겸형적혈구 빈혈증** 같은 질병 유전자가 존재하는지 금방 확인할 수 있다.

있는지에 대한 검사를 할 수 있게 된 거예요. 어쩌면 머지않아 갓 태어난 아기들의 유전자를 들여다보는 날도 오지 않을까요? 그때가 되면 몇 가지 검사만으로도 아기가 성장했을 때 대장암이나 헌팅턴 무도병, 혹은 **알츠하이머병** 같은 질병에 걸릴지 그 위험성을 예측할 수 있을 거예요. 또 아이에게 어떤 약이 이롭고 어떤 약이 부작용을 일으키는지도 알 수 있을 테고요.

그런데 과연 모든 사람에게 이런 정보가 필요할까요? 의사가 환자의 체질에 따라 더 효과적인 치료법을 적용할 수 있게 된다면 누구도 선별 검사를 반대할 이유가 없을 거예요. 게다가 시험 결과로 자신에게 질병 유전자가 없다는 사실이 밝혀지면 걱정을 덜게 될 테니까요. 하지만 어린아이들한테 나중에 어떤 병이 생길 우려가 크다거나 혹은 치료 방법이 없는 병의 유전자를 보유하고 있다는 정보를 꼭 미리 알려 줘야 할까요?

미래에 일어날 수 있는 문제는 이뿐만이 아닙니다. 어떤 병을 앓을 위험이 있는 사람이 일자리를 구하려 한다면 고용주는 그 문제를 한 번 더 고려해 보겠지요. 게다가 헌팅턴 무도병이 발병할 확률이 높은 사람이라면 건강 보험에 가입하기가 어려워지지는 않을까요?

유전자 치료

질병은 주로 박테리아나 바이러스의 침투로 세포가 맡은 일을 정상적으로 처리하지 못할 때 발생합니다. 그러나 이와 다르게 신체 일부분이 처음부터 제 기능을 온전히 발휘하지 못해서 생기는 병도 있어요. 이런 병은 하나 이상의 유전자에 잘못된 정보가 들어 있을 때 나타나지요.

지금까지 알려진 바로는 유전자 단 한 개의 손상으로 생기는 병이 약 4,500가지나 된다고 합니다. 가장 흔한 질환으로는 낭포성 섬유증, 겸형적혈구 빈혈증과 **X연관성 질환**인 **혈우병**을 예로 들 수 있어요. 유전자의 결함으로 비정상적인 형태의 단백질 분자가 만들어지고 그것이 제 역할을 하지 못할 때 이런 병이 생기지요.

과학자들은 문제가 발생한 위치에 염기 배열이 올바른 유전자를 삽입

사례탐구 제인의 유전자 검사

50세인 제인은 유전자 검사를 통해 유방암으로 발전할 위험 유전자가 발견되었다는 결과를 듣게 되었다. 제인은 유방암 발병 위험을 줄이기 위해 유방 절제 수술을 받기로 했다. 그런데 제인에게는 20세와 24세인 두 딸과 57세의 언니가 있다. 세 사람은 제인과 혈연관계이므로 똑같이 이 유전자를 지녔을 가능성이 높았다. 제인은 그들에게 검사 결과를 밝히고 유전자 검사를 받도록 권해야 하는 것일까?

고민에 빠져 있던 제인은 검사 결과를 그들에게 솔직히 밝히기로 했다. 엄마의 이야기를 들은 두 딸은 기꺼이 검사를 받았다. 그 결과 한 명의 딸에게서 유방암 원인 유전자가 발견되어 유방 절제 수술을 받았다. 그러자 수술을 받지 않은 딸은 자신에게서는 유방암 발병 원인 유전자가 발견되지 않았음에도 혹시 모를 불안함을 느끼게 되었다. 한편 동생의 이야기를 들은 제인의 언니는 자신에게 유방암 발병 위험 요소가 있는지에 대해 알고 싶지도 않고 검사받을 생각도 없다며 몹시 화를 냈다. 그리고 그녀는 그 검사 때문에 두 조카에게 생긴 육체적이고 감정적인 변화 역시 불필요한 것이었다고 주장하며 제인을 탓하기도 했다.

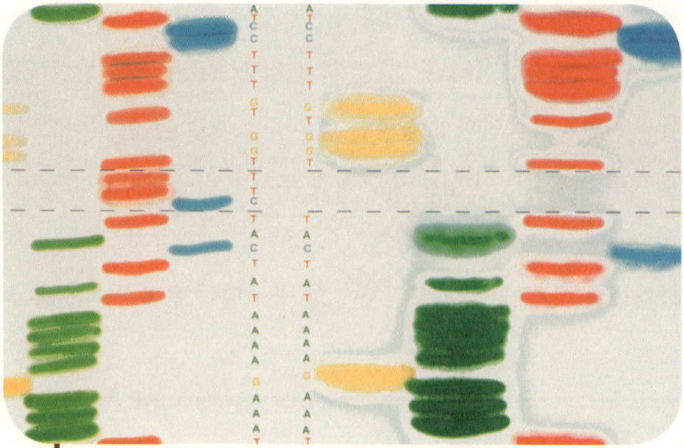

사진 속에 보이는 여러 가지 막대는 낭포성 섬유증의 선별 검사에서 나온 결과다. 이것을 분석하면 관련된 유전자에 어떤 문제가 있는지 알 수 있다.

하면 정상적인 단백질이 생산될 거라고 믿고 있습니다. 우리는 이런 방법을 '유전자 치료'라고 불러요. 사람들은 유전자 치료가 언젠가 성공하리라는 희망을 품고 있어요. 하지만 안전성이 완벽하게 보장되고 치유 효과가 오래가는 치료법은 아직 개발되지 않고 있답니다.

유전자 치료는 대부분 인체 세포에 새로운 유전자를 바꿔 넣는 형태로 이루어집니다. 하지만 웬만하면 정자와 난자를 만드는 생식 세포에는 새 유전자를 삽입하지 않으려고 하지요. 새로운 유전자가 후손에게까지 전해지지 않도록 하기 위해서예요.

유전자 치료로 질병을 아예 뿌리 뽑을 수 있다면 생식 세포에도 이 방법을 적용하는 것이 옳다고 말하는 사람들도 있습니다. 그러면 후손들이 같은 문제를 겪지 않을 거라고 주장하지요. 하지만 생식 세포에 새로운 유전자를 삽입하면 결국 그 사람의 자식과 손자 손녀까지 그것을 그대로 이어받게 돼요. 이처럼 영구적인 치료 방법을 활용하려면 어느 정도까지 안전성이 보장되어야 할까요?

인간 유전체

인체의 거의 모든 세포 안에는 세포핵이 있습니다. 세포핵 속에는 46개의 염색체를 가지고 있는 DNA가 들어 있지요. DNA는 사다리처럼 생긴 분자로, 네 가지 염기로 이루어져 있어요. 이 네 가지 염기를 특정한 순서로 배열함으로써 DNA 내부에 정보가 저장되지요. 마치 글자와 빈칸을 일정한 순서로 나열하여 정보가 담긴 문장을 만드는 것과 같은 이치예요. 인체의 모든 유전 정보는 총 30억 개에 달하는 염기로 구성되는데 우리는 이것을 통틀어 인간 유전체라고 해요.

1988년에 미국 뉴욕 근방의 콜드 스프링 하버에 모인 과학자들은 어마어마한 계획을 세웠습니다. 인간 유전체의 모든 염기 배열을 밝히는

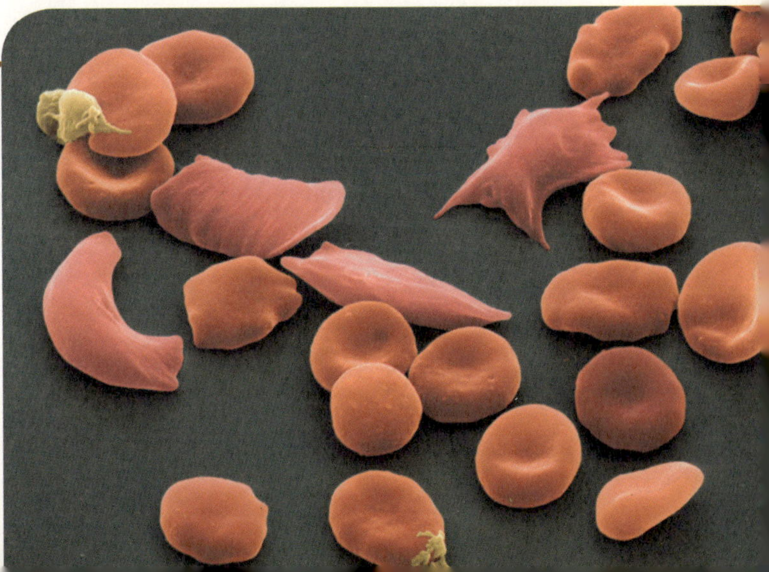

원판 모양의 건강한 적혈구와 겸형적혈구 빈혈증 환자의 몸속에서 만들어지는 기형 적혈구의 모습이다. 기형 적혈구는 정상적인 적혈구보다 산소 운반 능력이 떨어진다.

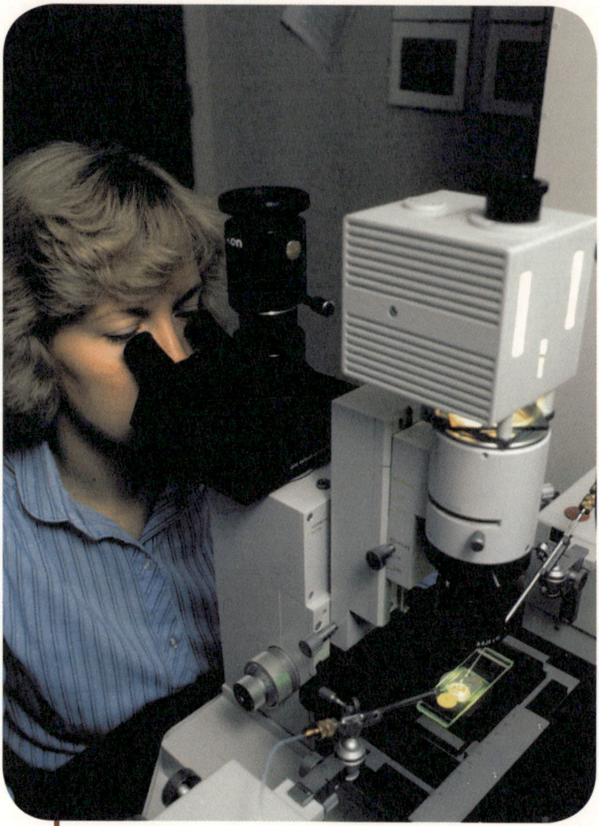

세포에 유전자를 삽입하려면 첨단 장비가 필요하다.

작업이 기술적으로 가능해졌다고 판단한 것이지요. 그러나 이 일을 적절한 기간 내에 완료하려면 막대한 투자금과 함께 수많은 과학자와 기술자가 필요했습니다.

처음에는 17개국에서 활동하던 과학자 42명이 이 인간 유전체 계획에 참여했습니다. 1년 후에는 23개국의 220명으로 연구진이 늘어났고, 연

사례탐구 유전자 치료

2000년도에 프랑스 파리의 의사들은 면역결핍증으로 고통을 겪는 11명의 아이들에게 유전자 치료를 시도했다. 그때까지 이 아이들은 박테리아나 바이러스와 접촉하지 않도록 격리된 공간에서만 생활했다. 면역결핍증은 어떤 유전자의 결함 때문에 **골수**에서 백혈구가 만들어지지 않는 병이다.

의사들은 우선 바이러스에 정상적인 골수를 삽입해 골수 유전자를 변형시켰다. 그리고 이렇게 변형된 골수와 아이들의 몸에서 추출한 골수를 섞어 새로운 유전자를 만들어 낸 것이다. 이 새로운 유전자의 도입으로 유전적 결함이 있던 골수 세포는 건강한 백혈구를 만들어 내기 시작했다. 그리고 이 세포를 몸에 다시 이식하자 아이들은 곧 면역력을 되찾았다.

그런데 2년 후, 이 치료를 받은 아이 중 두 명에게서 백혈병이 발생했다. 백혈병은 혈액에 생기는 일종의 암으로, 아무래도 골수 세포에 새 유전자를 운반한 바이러스 때문에 이런 증상이 나타난 것으로 보였다. 그러나 나머지 아홉 명은 여전히 건강하게 생활하고 있었다. 백혈병이 생긴 두 아이를 제외하고 당시에 골수 유전자 치료를 받은 아이들은 모두 병을 치료하고 살아갈 수 있었다. 만약 이 방법으로 치료를 하지 않았다면 어떠했을지는 아무도 장담할 수 없는 일이다.

이 사례는 많은 의문을 제기한다. 과연 새로운 치료법은 언제부터 안전하게 사용할 수 있는가? 일부에서 부작용이 나타나더라도 대다수 환자에게 이롭다면 이 방법을 사용해도 되는 것일까? 또 유전자 치료로 인한 위험성은 어느 수준까지 용인할 수 있는가?

스코틀랜드 유전학 기술 정보 센터의 피터 가잘 교수가 인간 유전체 정보를 기록한 마이크로칩을 보여 주고 있다.

구의 거의 막바지에 이르러서는 1,000명도 넘는 인원이 인간 유전체 분석 작업에 매달렸지요. 목표는 15년 이내에 이 계획을 완료하는 것이었어요. 연구비로는 해마다 약 2억 달러가 소모되었는데, 단일 연구 계획으로서는 생물학 역사상 가장 큰 규모였지요.

과학자들의 노력과 첨단 데이터 기술 능력의 발전으로 2000년 드디어 인간의 인체 염기 배열에 대한 정보을 밝혀 낼 수 있었습니다. 그때부터 과학자들은 다른 동식물의 유전체를 조사하기 시작했어요. 그래서 이제는 생쥐, 침팬지, 박테리아 및 바이러스 같은 여러 생물의 염기 배열을 인간의 것과 비교할 수 있게 되었답니다.

하지만 모든 사람이 인간 유전체 계획을 두 팔 벌려 환영한 것은 아니에요. 사람의 유전체 분석에 막대한 자본이 투입되는 동안 한편에서는 연구 비용이 없어 쩔쩔매야 했다는 원성을 듣기도 했어요. 어떤 과학자들은 빈곤 계층에게 혜택이 돌아가는 실용 분야에서는 연구비가 삭감되고, 그 돈이 부유한 이들에게 유익한 연구를 하는 데 주로 쓰였다며 항의하기도 했답니다.

서로 다른 관점

오늘날 우리 눈앞에 펼쳐진 변화에 대해서는 의심할 여지가 없다. 이것은 항생제의 발견을 훨씬 뛰어넘는 의학계의 혁명이다.

– **토니 블레어** 전 영국 총리, 2000년도의 어떤 연설 중

인간의 유전자 지도를 작성하는 일은 에베레스트 산을 오르는 것과 비견할 만한 위업이다. 물론 에베레스트 산 등정과 마찬가지로, 사람들 대다수가 이 연구와 무관할 테고 거기서 혜택을 얻는 사람은 아주 드물 것이다. 하지만 인간 유전체 연구는 에베레스트 산 등정과 다르게 수많은 이들에게 나쁜 영향을 미칠 우려가 있다.

– **리처드 니컬슨 박사** 〈의료 윤리 Bulletin of Medical Ethics〉 지의 편집자

알아두기

사람의 유전자는 약 2만 3천 개에 달한다. 그리고 생쥐의 유전자 수는 약 3만 개다. 생쥐의 몸속에는 인간의 유전자와 동일한 유전자가 99퍼센트 가량 존재해 의학 연구를 하는데 매우 유용하다.

간추려 보기

- 유전 공학의 의학적 활용을 지지하는 사람들은 유전학 지식이 늘어나면 인간이 병드는 이유를 알고 미래의 발병 가능성을 예측할 수 있다고 믿는다. 또한 유전 공학 기술로 새로운 치료법을 개발할 수 있다고 주장한다.
- 유전 공학의 의학적 활용에 반대하는 사람들은 모든 사람이 훗날 자신에게 어떤 병이 나타날지 여부를 알고 싶어 하지는 않으며, 유전자 치료는 비용이 많이 드는 동시에 잠재적인 위험성 역시 존재한다고 주장한다.

4
CHAPTER

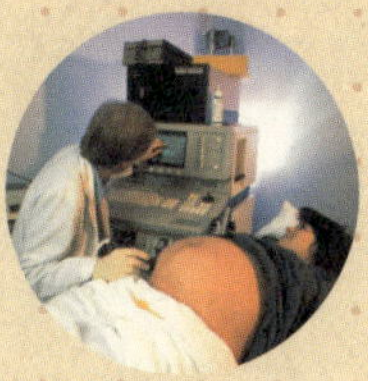

배아 선별과 복제

유전 공학과 의학 기술의 결합은 유전병을 해결할 새로운 해결책을 제시하고 있습니다. 이제 의사들은 부부의 정자와 난자를 채취해 배아를 만들고 그 배아의 유전자 검사까지 할 수 있게 되었어요. 그래서 유전자 검사 결과 배아에서 어떤 질환과 관련된 유전자가 발견된다면 그대로 파기하고 새로운 배아를 만들어요. 반대로 배아의 유전자에 이상이 없다면 여성의 자궁에 착상시키지요. 이 시험법을 배아 선별 검사라고 해요.

요즘은 특정 질환의 발병 가능성을 확인하는 유전자 검사법이 꾸준히 개발되고 있습니다. 그런데 이런 검사를 받았을 때 만약 이상이 있는 유전자가 발견된다면 어떨까요? 아마도 사람들은 여러 가지 선택의 갈림길에 서게 되지요. 어떤 사람은 병으로 인한 피해를 줄이기 위해 치료법을 찾기도 하고, 또 어떤 사람은 아예 생활 방식을 바꾸기도 할 거예요. 자식을 낳느냐 마느냐가 중요한 문제로 떠오를 수도 있어요. 몸속에 특정 질병과 관련된 유전자가 자식에게 그대로 전해질 수 있기 때문이지요. 아이를 낳아 키우고 싶어 하는 사람은 많지만 병까지 물려주길 바라는 사람은 없으니까요.

배아 선별 검사

유전 공학과 의학 기술의 결합은 유전병을 해결할 새로운 해결책을 제시하고 있습니다. 이제 의사들은 부부의 정자와 난자를 채취해 배아를 만들고 그 배아의 유전자 검사까지 할 수 있게 되었어요. 그래서 유전자 검사 결과 배아에서 어떤 질환과 관련된 유전자가 발견된다면 그대로 파기하고 새로운 배아를 만들어요. 반대로 배아의 유전자에 이상이 없다면

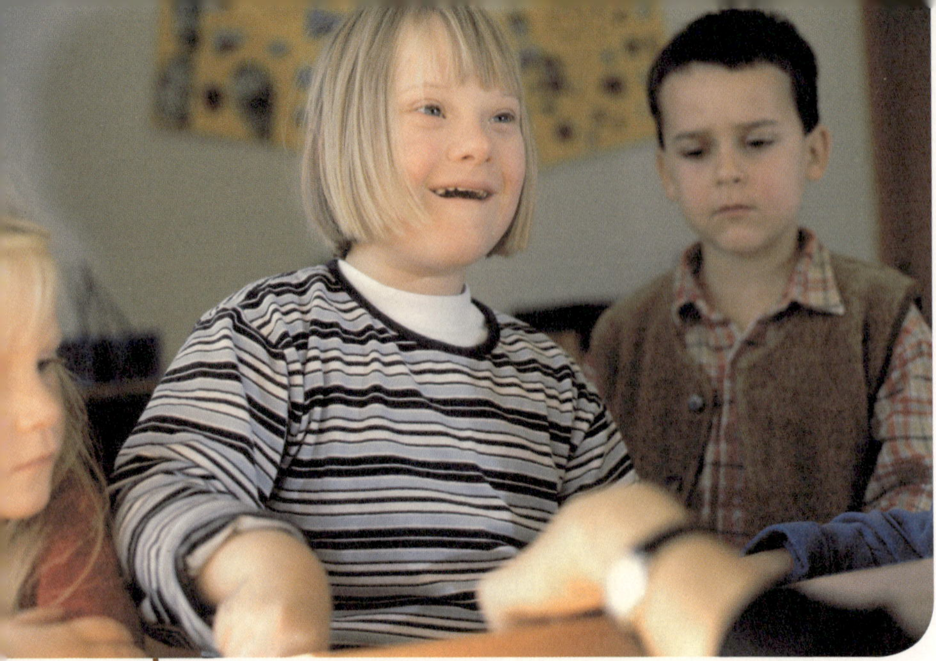

다운 증후군 환자의 염색체 수는 보통 사람보다 하나 더 많은데, 아기가 태내에 있을 때 이 문제를 미리 발견할 수 있다. 하지만 아직 태어나지도 않은 아이에게 장애가 발생하리란 사실을 알게 된다면 부모는 어떻게 해야 할까?

여성의 자궁에 착상시키지요. 이 시험법을 배아 선별 검사라고 해요.

하지만 일부에서는 과학자들이 이렇게 유전병을 제거할 길을 적극적으로 찾으며 '신처럼 행세하는 것'은 아닌지 우려하고 있습니다. 그런 방법이 '우생학'과 다르지 않다고 걱정하는 것이지요. 우생학은 극히 편향적인 관점에서 인간 개량을 추구하는 학문으로, 20세기 초 미국 일부 지역과 1930~40년대 나치 정권하의 독일에서 대대적으로 활용된 바 있습니다.

혹여 우리가 심각한 유전병의 유무를 확인하고자 배아 선별을 허용한다면, 그 기준은 어디에 둬야 할까요? 가벼운 정신 질환의 발병을 막기 위해 배아 선별 검사가 필요할까요? 사람의 집중력에 영향을 미치는 유전자나 운동 능력과 연관된 유전자 등과 같은 특정한 유전자를 찾는 데 이 검사를 허용해도 좋은 걸까요?

배아를 하나의 인간 생명체로 생각하는 사람들은 배아를 선별하고 파기하는 작업이 살인과 마찬가지라고 주장합니다. 또한 자식이 장애를 안고 태어날 소지를 없애려는 욕심 자체가 장애인들에 대한 차별이라고 주장하는 사람들도 있지요. 하지만 배아 선별 검사에 찬성하는 이들은 앞으로 태어날 아이들이 각종 질환에 걸릴 우려를 없애는 것은 반드시 필요하다고 주장하고 있어요.

부부 열 쌍 중 한 쌍은 불임 문제를 겪고 있다. 유전 공학은 이들에게 새로운 가능성을 제시하고 있다.

사례탐구 수잔과 가이

수잔과 가이는 결혼 5년 차 부부다. 그들은 이미 오래전에 아이를 가지기로 의견을 모았다. 그런데 두 사람 모두 가까운 가족 중에 낭포성 섬유증 환자가 있다는 점이 문제가 되었다.

낭포성 섬유증은 신체의 여러 기관에 문제를 일으켜 환자에게 큰 고통을 주고 심신을 쇠약하게 만드는 병으로, 이 병에 걸리면 대체로 30세를 넘기지 못하고 죽는다. 낭포성 섬유증은 유전자 하나의 결함으로 발생한다. 보통 유전자는 쌍으로 존재한다. 그중 하나가 손상되더라도 건강에 이상이 생기지는 않지만, 자식에게 문제의 유전자를 물려주게 된다. 하지만 손상된 유전자를 2개 보유했을 경우에는 낭포성 섬유증이 반드시 나타난다. 부부 모두가 이 병의 보유자라면 앞으로 태어날 아이가 손상된 유전자 2개를 물려받아 병에 걸릴 확률은 4분의 1이 된다.

수잔과 가이는 유전자 검사를 받은 후 두 사람 모두 낭포성 섬유증 유전자의 보유자라는 사실을 확인했다. 이제 그들은 여러 가지 가능성 중 하나를 선택할 수 있다. 이혼 후 낭포성 섬유증 유전자를 보유하지 않은 배우자를 찾거나, 4분의 1의 발병 확률을 감수한 채 그대로 아이를 가질 수도 있다. 또 보조 생식술을 이용해 배아를 만든 다음, 수잔의 자궁에 이식하기 전에 유전자에 문제가 있는지 검사할 수도 있다. 혹은 임신 후에 태아 유전자 검사를 받는 것도 한 가지 방법이다. 이때는 수잔과 가이가 검사 결과를 확인한 다음에 출산 여부를 결정하면 된다.

성 감별

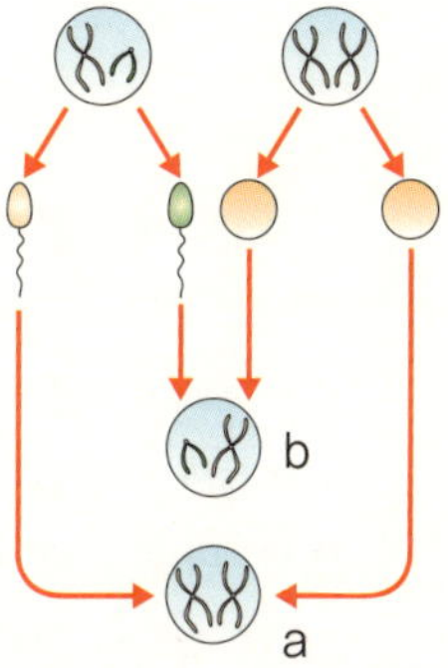

정자와 난자의 결합으로 수정이 일어난다. 정자가 X염색체를 지니면 배아는 X염색체 2개를 포함하므로 딸이 된다(a). 그러나 정자가 Y염색체를 지니면 배아는 X염색체와 Y염색체를 하나씩 포함하므로 아들이 된다(b).

유전 공학은 태어날 아기가 아들인지 딸인지를 확인하는 데도 사용됩니다. 부모가 아기의 성별을 고르는 이유로는 크게 두 가지가 있어요. 첫째는 의학적인 이유 때문이에요. 유전병 중에는 남자에게만 영향을 미치는 질병이 수백 가지가 존재하기 때문이지요. 이런 질병 유전자를 보유한 사람들은 자식이 병에 걸리지 않도록 딸을 낳으려고 하죠. 둘째 이유는 이미 아들이 있는 부부가 딸을 낳음으로써 가족 성비의 균형을 맞추길 바라기 때문이에요. 게다가 어떤 문화권에서는 딸보다 아들을 더 선호하기도 해요. 인도를 비롯한 몇몇 나라에서는 딸이 결혼할 때 부모가 신랑의 가족에게 지참금을 보내야 해요. 그래서 가난한 가정에서는 대개 딸보다는 아들을 낳으려고 성 감별을 시도하지요.

그러나 태어날 아이의 성을 부모가 선택한다는 데 반대 의사를 표하는 사람이 많습니다. 아이를 소비자의 요구에 맞춰 만들어 파는 상품처럼 바꿔 놓았다는 이유에서지요. 반대로 성 감별에 찬성하는 사람들은 부모가 진정으로 원하는 아이를 가질 가능성이 커진다는 점에서 성 감별은 그럴 만한 '가치가 있다'고 말합니다.

알아두기

사람의 성은 염색체 46개 중 2개에 의해 결정된다. 이 두 염색체를 '성염색체'라고 한다. 성염색체는 X와 Y 두 종류로 나뉘는데, X염색체를 2개 가지면 여자가 되고, X염색체 하나와 Y염색체 하나를 가지면 남자가 된다.

여성의 세포에는 Y염색체 대신 X염색체만 2개 존재하므로 난자는 오직 X염색체만 가질 수 있다. 남성의 세포에는 X염색체와 Y염색체가 하나씩 존재하므로 정자는 둘 중 하나를 가지게 된다.

성 감별 방법

정자에는 남성을 결정하는 성염색체인 X염색체와 Y염색체가 모두 들어 있지 않습니다. X염색체 혹은 Y염색체 하나씩만 들어 있어요. X염색체는 Y염색체보다 크기가 커서 X염색체를 지닌 정자의 무게가 Y염색체를 지닌 정자보다 조금 더 무겁습니다. 과학자들은 이 무게 차이로 X와 Y염색체를 지닌 정자를 구별하지요. 이 방법이 완전하다고 말하기는 어렵지만, 이렇게 정자를 분류하면 부모가 원하는 대로 아이의 성이 결정될 확률이 매우 높아지지요.

정자와 난자를 실험용 배양 접시 속에서 수정시키는 방법도 있습니다. 수정 후에 성장한 배아에서 세포 하나를 추출해서 Y염색체가 있는지를 확인하는 거예요. Y염색체가 있으면 아들이고, 없으면 딸이지요. 감별 작업 후에는 부모가 원하는 성별의 배아를 어머니의 자궁에 이식하게 되는 것이지요.

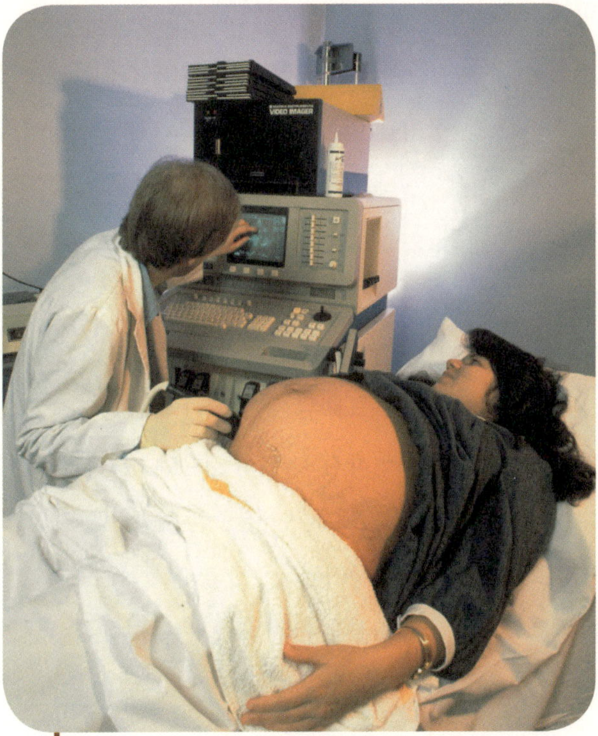

의료 기술자가 임신부에게 초음파 검사를 하고 있다.

자연적으로 임신한 경우는 태아가 충분히 자란 뒤에 **초음파 검사**로 성별을 확인할 수 있습니다. 그런데 이때 원하는 성별이 아니면 낙태를 선택하는 부모들도 있지요.

장기 이식

어떤 질병은 내장 기관을 망가뜨리거나 그 기능에 문제를 일으키는데, 해결책은 새로운 장기를 이식하는 방법뿐입니다. 심장이나 콩팥을 교체해야 할 때, 의사들은 다른 사람에게서 제공 받은 건강한 장기를 환자의 몸에 옮겨 넣지요. 이런 걸 '장기 이식'이라고 해요. 장기 이식을 할 때, 항상 통째로 장기를 이식하는 것은 아니에요. 예를 들어, 골수가 제 역할을 하지 못하면 몸에 여러 가지 병이 생기게 돼요. 이런 환자들에게는 약물로 체내의 골수 세포를 모두 제거한 뒤에 골수 기증자의 몸에서 건강한 세포를 추출하여 주입하지요. 이럴 경우에는 기증자의 몸에서 소량의 건강한 세포만 뽑아내면 돼요. 이 건강한 세포가 환자의 체내로 들어가 자연적으로 증식하기 때문이에요.

하지만 사람의 몸에는 외부에서 유입된 세포를 죽이는 면역 체계가

버지니아 존슨(왼쪽)은 신부전증과 골종양을 앓던 자신의 언니, 재닛 매코트(오른쪽)에게 골수와 콩팥을 기증했다. 골수 이식 후 재닛은 암에서 회복되었다.

존재합니다. 바로 이 점이 세포를 이식하는 데 제약이 되기도 하지요. 인체의 면역 체계는 주로 박테리아와 바이러스를 죽이는 일을 하는데, 이식된 세포를 박테리아나 바이러스로 알고 공격하기도 하거든요. 그래서 의사들은 새로 이식된 세포가 이식 후에 죽지 않도록 가능한 한 환자와 유전적 구조가 비슷한 기증자를 찾으려고 하지요. 형제자매나 가까운 친척들이 서로 비슷한 유전자를 공유할 가능성이 크지만 적절한 장기 기증자를 찾지 못할 때도 있습니다.

맞춤아기

실험실에서 부모의 난자와 정자로 배아를 만들어 질병을 치료할 수도 있습니다. 여러 가지 유전 공학 기술을 이용해 모든 배아를 검사하고 환자와 유전자가 가장 유사한 것을 찾아요. 그런 다음 적합한 배아가 발견되면 그것을 어머니의 자궁에 이식하고 나중에 아기가 태어나면 탯줄에서 채취한 세포를 환자에게 이식하지요. 이런 배아가 환자와 같은 유전자를 지녔을 가능성이 크기 때문이지요.

그런데 오로지 아픈 아이를 살릴 목적으로 또 다른 아기를 낳는 것이 바람직한 걸까요? 이렇게 태어난 아기는 결국 의학적 치료를 위한 일종의 도구로 이용된 셈이라고 주장하는 사람들도 있어요. 또 일부에서는 치료에 적절한 배아가 발견되기까지 인위적으로 만들어지고 버려지는 배아가 많다는 사실을 문제로 지적합니다. 이런 방법이 인간 배아의 가치를 떨어뜨린다고 주장하고 있지요.

알아두기

최초의 맞춤아기는 2000년 미국에서 태어났다. 아담 내쉬는 그의 누나 몰리와 같은 조직을 가진 배아를 선별한 결과로 태어난 아이이다. 당시에 몰리 내쉬는 판코니 빈혈증(Fanconi Anaemia)이라는 희귀한 열성 유전 질환을 앓고 있었다. 이 치료가 몰리에게는 큰 도움이 되었으나, 아담으로 자라날 배아를 발견하기까지 의사들은 30개나 되는 배아를 파기해야 했다.

판코니 빈혈증을 앓는 몰리 내쉬가 동생 아담을 안고 있다. 아담은 유전 공학의 힘으로 태어난 아기로, 몰리의 면역력을 높이는 데 이 아이의 탯줄이 사용되었다.

서로 다른 관점

당연한 소리일지 모르지만, 아픈 자식이 낫길 바라는 부모들은 모든 관심을 그 아이에게 쏟는다. 하지만 우리는 조직 기증을 위해 태어날 아기의 행복 역시 고려해야 한다.

– 수지 레더 영국 인간 수정 및 배아관리국의 국장,
2004년 7월 21일자 〈런던 타임즈 The Times of London〉

어떤 목적을 이루기 위해 아이를 낳는 것은 잘못된 일이다. 그 목적이 아무리 옳다고 하더라도…….

– 데이비드 킹 런던의 압력 단체인 인간유전학경보의 대표,
2004년 7월 22일자 〈뉴 사이언티스트 New Scientist〉

클로닝

복제 양 돌리는 포유류의 클로닝이 가능하다는 사실을 증명했지만, 한편으로 이 기술을 인간에게 적용하기에는 매우 위험하다는 사실 또한 잘 보여 주었습니다. 돌리를 만든 연구진은 처음에 복제 양의 인공 수정 실험을 277번이나 했다고 해요. 게다가 이후에도 이러한 실험의 성공률은 아주 조금밖에 높아지지 않았지요. 또 정상적인 양들은 생활 환경만 적절히 갖춰진다면 대부분 11년에서 16년 정도를 사는데, 돌리는 늙은 양에게 흔히 발견되는 병에 걸려 태어난 지 6년 만에 안락사 되어야 했지요.

미국 매사추세츠 주에서 태어난 복제 염소이다. 양, 젖소, 생쥐, 돼지, 고양이, 토끼의 복제에도 성공을 거두고 있다.

돌리의 건강 상태를 두고 과학자들은 다 자란 양의 세포를 복제한 탓에 돌리의 세포가 원래 나이를 '기억'했기 때문이라고 설명합니다. 그러니까 돌리가 태어났을 때부터 이미 몸속 세포는 자기 나이가 6살이라고 여겼다는 뜻이지요. 동물이 삶을 살아가는 동안 세포에는 유전적 오류가 쌓이기 때문에, 돌리의 생명이 이미 오류로 가득 찬 세포와 함께 시작되었다는 주장 역시 부정할 수 없을 거예요.

복제 인간

사람들이 생물 복제를 원하는 이유로는 현존하는 인물과 똑같은 사람을 만들고 싶다는 욕망도 한몫하고 있습니다. 하지만 세포의 원래 주인과 복제 인간이 과연 똑같을까요? 물론 그 둘의 겉모습에는 공통점이 많겠지만, 각자 살면서 겪는 경험이 다르다면 성격이나 여러 가지 면에서 크게 달라질 수도 있을 거예요. 무엇보다도 자신이 다른 사람의 복제 인간이라는 사실을 알고 산다면 그 기분이 어떨까요? 과연 세상 사람들은 그 사람을 고유한 가치를 지닌 개인으로 대할 수 있을까요? 또 복제 인간은 진정으로 자기만의 삶을 누릴 수 있을까요?

치료용 복제

클로닝 기술은 새로운 하나의 개체 대신 유전적으로 같은 세포와 내장 기관을 만드는 데도 쓰이고 있습니다. 과학자들이 돌리를 만든 방법과 마찬가지로 의사들도 환자의 몸에서 세포를 채취하여 핵이 제거된 난자와 융합시킬 수 있어요. 거기에 전기 자극을 가하면 난자와 체세포가 배아로 자라게 되지요. 배아가 막 형성되었을 때는 모든 세포가 인체의 어떠한 기관으로든 분화할 가능성을 가지게 돼요. 현재 과학자들은 배아 세포의 성장과 분화를 유도하여 특정한 세포를 만드는 방법을 개발 중이랍니다.

이러한 '치료용 복제'가 실현된다면 여러 가지 심각한 질환도 고칠 수 있게 될 것입니다. 하지만 치료용 복제를 반대하는 사람들은 이 작업을 제어하기가 매우 어렵고 자칫하면 분화한 세포가 종양으로 변할 위험성이 있다고 말하고 있어요. 그들은 환자를 치료하는 데 복제 배아가 필요하다는 점도 지적하고 있어요. 새로운 세포를 만드는 과정에서 수많은 배아가 파괴되는 것에 우려를 나타내는 것이지요.

2005년에는 우리나라에서도 인간 세포를 복제했다는 한 연구진의 발표가 있었습니다. 당시 사람들은 난치병 치료 분야가 중요한 전기를 맞이했다며 큰 기대를 했었지요. 하지만 얼마 지나지 않아서 이 연구는 조작된 것으로 밝혀졌답니다.

간추려 보기

- 유전 공학의 지지자들은 새로운 유전 공학 기술로 다음 세대의 아이들이 심각한 유전병을 물려받는 문제를 막을 수 있다고 주장하고 있다.
- 배아 선별이 또 다른 형태의 우생학적 행동이며 앞으로 이 방법이 지능이나 운동 능력과 관련된 형질을 골라내는 데 쓰일 우려가 있다는 주장이 있다.
- 배아의 선별 작업이 인간 배아의 가치를 떨어뜨리고 아기를 상품화하는 것이라고 주장하는 사람들도 있다.

5
CHAPTER

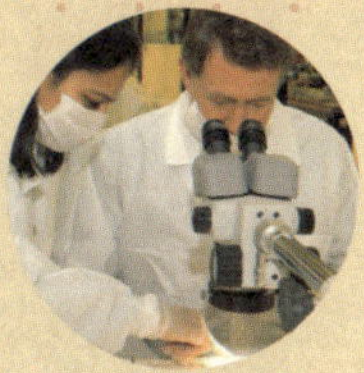

과학 수사와 유전 공학

유전 공학의 발달 덕분에 지금은 몇 가지 검사만으로도 각각의 DNA 염기 배열에 나타난 특징을 기록할 수 있게 되었습니다. 그 결과 탄생한 것이 바로 유전자 지문이에요. 과학 수사대는 세포에서 성염색체를 찾아 그 주인의 성별이 남자인지 여자인지를 가려내기도 하고, 때로는 유전자 감식으로 범죄 현장에 세포를 남기고 간 용의자의 특징을 밝혀내기도 한답니다.

오늘날 유전 공학은 금융 사기, 강도, 폭행 및 살인 같은 범죄를 해결하는 데도 쓰이고 있습니다. 경찰은 사건 현장에서 DNA가 포함된 인체 조직의 일부분을 비롯하여 범인이 남긴 각종 증거물을 찾아 분석해요. 경찰과 **과학 수사** 요원들은 주로 혈액처럼 확실한 증거를 찾기를 바라지만 그 외에도 침(가령 범인이 편지를 부치기 전에 봉투 입구에 침을 바른 경우)이나 머리카락, 손톱 조각, 피부와 뼈에서도 DNA를 채취할 수 있기 때문에 아주 작은 증거도 놓치지 않으려고 하지요. 사람이 입을 댄 포도주 잔의 테두리나 버려진 담배꽁초에서도 DNA가 발견된답니다.

유전 공학의 발달 덕분에 지금은 몇 가지 검사만으로도 각각의 DNA 염기 배열에 나타난 특징을 기록할 수 있게 되었습니다. 그 결과 탄생한 것이 바로 유전자 지문이에요. 과학 수사대는 세포에서 성염색체를 찾아 그 주인의 성별이 남자인지 여자인지를 가려내기도 하고, 때로는 유전자 감식으로 범죄 현장에 세포를 남기고 간 용의자의 특징을 밝혀내기도 한답니다.

오늘날 유전 공학이 경찰의 강력한 수사 도구가 될 수 있었던 것은 세

가지의 장점을 가지고 있기 때문입니다. 그 첫 번째 이유는 사람마다 모두 유전자 지문이 다르기 때문이에요. 두 번째는 세포 내에 존재하는 DNA를 증식시키는 방법이 개발되었기 때문이지요. 따라서 손톱 조각이나 머리카락처럼 작은 증거물만 발견해도 과학 수사대는 DNA를 분리하여 복제한 후 염기 배열을 분석할 수 있게 되었어요. 그리고 세 번째로는 DNA의 생존력이 매우 강하다는 사실도 한몫하고 있지요. 핏자국 속의 DNA는 발견 후 몇 주에서 몇 달, 혹은 몇 년이 지나도 분석이 가능하답니다.

과학 수사의 문제점

범죄 현장에서 발견된 DNA가 용의자의 것과 거의 같다 하더라도, 그

아일랜드 더블린의 살인 사건 현장에서 증거를 수집 중인 과학 수사대의 모습이다.

사례탐구 에드워드 호나커

재판에서 피고인 측 변호인은 피고인의 결백을 주장할 때 종종 DNA 증거를 내세운다. 그 예로, 1984년 일곱 사람을 폭행하고 강간한 혐의로 유죄 판결을 받은 에드워드 호나커를 들 수 있다. 검거된 호나커는 자신의 결백함을 계속 주장했고 사건 발생 시각에 자신의 알리바이를 증명해 줄 목격자도 있었다. 하지만 당시 법원은 호나커에게 무기 징역을 선고했다.

몇 년 후 호나커는 무고한 죄수들의 석방을 위해 활동하는 한 단체를 만나 자신의 결백을 입증해 달라고 요청했다. 이 단체는 호나커의 DNA와 성폭행 사건 피해자의 옷에서 발견된 DNA를 비교 감식했고 그 결과 둘의 DNA에는 명확한 차이가 있다는 것을 확인했다. 이로써 사건의 범인이 호나커가 아니라는 사실이 밝혀졌고, 1994년에 석방되었다.

결과가 우연히 일치했을 가능성은 여전히 존재합니다. 가족 구성원 간에 유전자 지문이 매우 유사하다는 사실을 생각하면 불가능한 일도 아니지요. 게다가 DNA가 일치한다고 해서 꼭 그 사람이 범죄를 저질렀다는 뜻은 아니기 때문이에요. 가령, 버스에 탄 누군가의 머리카락이 좌석에 떨어져 다른 사람의 재킷에 붙었다고 가정해 봅시다. 이 사람이 얼마 후 범죄를 저지르면서 현장에 그 머리카락을 떨어뜨렸고 그것이 사건을 수사하던 경찰의 눈에 띄었다면 순식간에 머리카락 주인이 용의자로 지목될 거예요. DNA는 아주 작은 부분에서도 발견되므로, 이론적으로 따져 보면 범인이 일부러 다른 사람의 DNA를 사건 현장에 남기고 그 사람을 모함하는 일도 충분히 일어날 수 있답니다.

영국의 범죄자 자료 수집

DNA 채취를 위해 침 표본을 검사 중인 법과학자들.

1995년 4월, 영국 정부는 국립 DNA 자료은행을 세우고 법과학연구소에 운영을 맡겼습니다. 이곳은 2006년에 300만 개가 넘는 DNA 정보를 보유하게 되면서 세계 최대의 DNA 자료은행으로 자리매김하게 되었지요. 범죄 현장에서 수집된 DNA를 이곳에 저장된 자료와 비교 대조하면 그 일치 확률이 45퍼센트에 달한다고 해요. 영국의 DNA 자료가 이토록 방대해진 이유는 경찰이 모든 체포자의 DNA 표본을 채취해 DNA 자료은행에 등록했기 때문이에요. 이렇게 한 번 등록된 자료는 영구적으로 보관되었어요. 즉, 체포자가 기소되지 않거나 결백이 밝혀진 후에도 DNA 정보는 DNA 자료은행에 그대로 남게 되

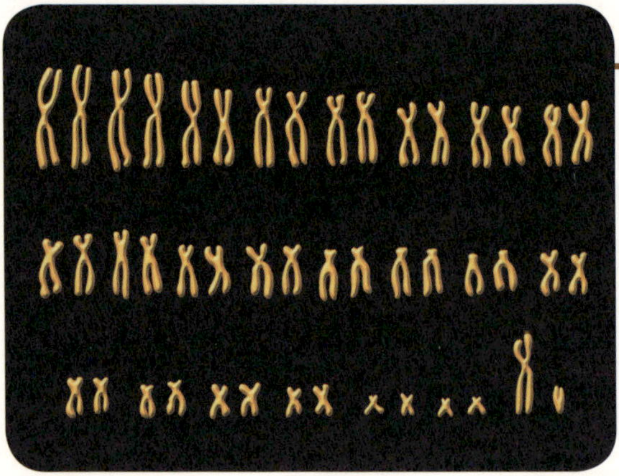
남성의 모든 염색체를 한 쌍씩 나열한 모습이다. 오른쪽 아래 모서리에 보이는 한 쌍이 성염색체다. 크기가 큰 쪽이 X염색체, 작은 쪽이 Y염색체다.

었지요. 영국 경찰은 이 방법이 범죄를 소탕하는 데 큰 도움을 주고 있다고 말하고 있어요. 하지만 인권 운동가들은 무고한 사람의 DNA 표본을 보관하는 것은 사생활 보호 권리를 침해하는 행위라고 지적하지요. 이에 영국 내무부에서는 "범죄를 저지를 우려가 없는 사람은 정부가 이 정보를 보관하는 것을 두려워할 필요가 없습니다."라는 입장을 내놓았답니다.

사례탐구 구두 강간범

2006년 7월, 제임스 로이드라는 남자가 여섯 명의 여성을 성폭행한 죄목으로 유죄를 선고받았다. 그의 유죄 판결 소식은 언론을 통해 대서특필되었는데, 이는 그 사건이 20년 전에 일어난 데다 로이드의 여동생이 음주 운전으로 체포되면서 그가 붙잡힐 수 있었기 때문이다.

로이드의 여동생이 체포됐을 때, 경찰은 그녀의 세포를 채취해 DNA 분석 작업을 했다. 곧 그 정보는 국립 DNA 자료은행에 저장되었다. 한편 다른 쪽에서는 여러 차례 성폭행 사건을 저지르고 피해자들의 구두를 훔쳐간 기이한 범인에 대해 재수사가 이뤄지고 있었다. 경찰은 이 성범죄 사건이 발생했을 때 수집한 DNA를 분석하여 자료은행의 기록과 비교했다. 그러자 완벽하게 일치하는 기록은 없었지만, 유사한 것이 40개 정도 발견되었다. 그중 하나는 강간범과 친인척 관계일 가능성이 컸고 그것이 바로 로이드의 여동생에게서 채취한 DNA였다. 경찰은 로이드의 여동생에게 남자 형제가 한 명 있다는 정보를 입수했고, 그 거주 장소가 과거에 성폭행 사건이 일어났던 지역임을 확인했다. 로이드는 경찰의 수사망이 좁혀 오자 자살을 시도했으나 실패하고 말았다. 결국 그는 체포되었고 성폭행 사건이 자신의 소행임을 시인했다.

서로 다른 관점

경찰이 현장에서 확보한 DNA를 확실한 증거로 오해한다는 점이 큰 문제이다. 그런 자료는 그야말로 가능성만 나타낼 뿐이다.

– 영국의 공익 단체 진워치

유전자 감식법의 활용으로 범죄 수사 과정에서 용의자로 오인되거나 잘못 기소되는 이들이 줄어드는 것은 환영할 만하다.

– 스티븐 세들리 영국의 판사

간추려 보기

- DNA 감식에 찬성하는 사람들은 이 방법이 범죄자를 색출하는 데 매우 유용한 도구라고 주장한다. 그들은 유전적 증거가 무고한 일부 용의자나 죄수들의 결백을 입증하는 데도 도움이 된다고 말한다.
- DNA 감식 반대론자들은 경찰에게 체포자의 DNA 수집을 허용한 영국의 현행법이 이무 죄 없는 사람들의 사생활 보호 권리를 침해하고 있다고 주장한다.
- 법원이 DNA 자료를 일종의 근거 자료로 여겨야 할 뿐 유죄를 증명하는 '결정적인 증거'로 판단해서는 안 된다는 주장도 있다.

6

CHAPTER

유전 공학의 광범위한 활용

군사 관계자들은 이미 오래전부터 유전 공학 기술을 이용한 신무기 제작 가능성을 검토해 왔습니다. 또한 그들은 테러리스트 집단이 유전 공학 기술로 무기를 만들어 군과 민간인을 대상으로 공격하게 될 상황을 염두에 두고 방어책을 계획하고 있기도 하지요. 과학자들은 질병을 일으키는 치명적인 미생물을 변형시켜 인체 감염 능력을 향상시키는 유전자를 골라낼 수 있습니다. 그리고 이런 특성을 이용한 무기를 만들어 낼 수도 있지요.

군사 관계자들은 이미 오래전부터 유전 공학 기술을 이용한 신무기 제작 가능성을 검토해 왔습니다. 또한 그들은 테러리스트 집단이 유전 공학 기술로 무기를 만들어 군과 민간인을 대상으로 공격하게 될 상황을 염두에 두고 방어책을 계획하고 있기도 하지요.

세균전

과학자들은 질병을 일으키는 치명적인 **미생물**을 변형시켜 인체 감염 능력을 향상시키는 유전자를 골라낼 수 있습니다. 그리고 이런 특성을 이용한 무기를 만들어 낼 수도 있지요. 만약 이 무기가 사람이 사는 곳에 떨어진다면 전염성이 강한 박테리아나 바이러스가 공기 중으로 퍼져 나가 심각한 피해가 발생하게 될 거예요. 하지만 이 무기는 공격의 대상은 물론 무기를 사용한 이들도 바이러스에 노출될 위험이 있어요. 그래서 아마도 이런 무기는 공포감 조성이 목적일 가능성이 커요. 그렇기 때문에 이 무기는 현실화할 가능성이 다소 희박하지요.

하지만 특정 인종만을 노린 화학 무기나 생물학 무기가 개발될 가능성은 얼마든지 있습니다. 혈연 관계의 사람들은 유전적 특징이 유사해요. 다시 말해 특정한 민족이나 인종 집단에 속한 사람들은 유전적으로 고유한 강점과 약점이 존재한다는 뜻이에요. 그래서 이론적으로는 이러한 약점만을 공격하는 약물을 개발하거나 박테리아를 배양하는 것이 충분히 가능해졌다는 것이지요.

유전 공학은 각종 생물 작용제에 대한 보호 수단을 마련하는 데도 쓰이고 있습니다. 그 예로, 미국 질병통제센터에서는 천연두 바이러스의 유전자를 조작하는 연구를 하고 있어요. 테러리스트 집단이 세균전을 일으킬 때를 대비하여 적절한 백신을 개발하기 위해서지요.

2003년 2월, 우리나라의 연천에서 시행된 생물학전 및 화학전 대비 훈련 중 방독면을 착용한 미군들. 유전 공학은 화학 무기와 생물학 무기의 위력을 높이는 데 악용될 우려가 있다.

지뢰를 탐지하는 식물

지뢰 매장지에서 잎 색깔이 변하도록 유전자 조작을 거친 애기장대.

현재 전 세계 곳곳에 매장된 지뢰는 무려 1억 개가 넘습니다. 지뢰란 사람이나 차량이 밟으면 터지는 소형 폭발물로, 특정 지역에 쉽게 접근하지 못하도록 땅속에 묻어 두는 무기예요. 지뢰 제작에는 그리 많은 비용이 들지 않아요. 하지만 이것을 찾아내고 안전하게 제거하는 데는 어마어마한 비용이 들지요. 지금과 같은 지뢰 제거 속도로는 3100년은 되어야 전 세계에 매장된 지뢰를 모두 제거할 수 있을 거라고 해요.

덴마크에서 애기장대(학명:*Arabidopsis thaliana*)라는 식물에 폭발물을 감지하도록 유전자를 조작하는 실험에 성공했습니다. 폭발물이 이산화질소 기체를 방출하는 특성을 이용한 것이지요. 원래 애기장대의 잎은 가을이 되면 초록색에서 빨간색으로 변해요. 그 원리를 이용해 과학자들은 공기 중에 이산화질소가 있으면 붉은 색소를 만들어 내도록 애기장대의 유전자를 조작한 거예요. 그 결과 지뢰가 묻힌 곳에서는 애기장대의 잎이 붉은색을 띠게 되었지요. 또한 과학자들은 이 식물이 특수한 비료 없이는 자라지 못하도록 변형시켰어요. 다른 곳으로 퍼져 나가는 것을 막기 위해서지요. 하지만 군에서는 지뢰 제거 효율이 높고 비용이 적게 드는 방법이라면 그 수와 양을 가리지 않고 활용했답니다.

서로 다른 관점

10년 전, 세계보건기구는 세상의 모든 천연두를 없애겠다고 계획하고 천연두 바이러스를 제거하려고 노력했다. 하지만 그 바람에 이전보다 훨씬 치명적인 천연두가 탄생할 위험이 커졌다. 이것은 인류의 크나큰 퇴보가 아닐 수 없다.

— **수야타 바이라반** 책임 있는 유전학 위원회의 위원장

지뢰 탐지용 식물은 인도주의와 환경적인 측면에서 유전자 변형 식물에 대해 새로운 시각을 제시하는 선구적 사례이다.

— **존 문디** 코펜하겐 대학 교수

스포츠

우리는 운동 경기에서 공정한 경쟁을 위해 여러 가지 규칙을 세웁니다. 가령, 권투나 역도처럼 힘을 쓰는 운동에서는 남자와 여자가 함께 경쟁하지 않도록 하지요. 남성 호르몬 때문에 남자의 힘이 더 세기 때문이에요. 또 학교에서 운동회를 할 때는 나이에 따라 선수를 구분합니다. 그 이유는 열심히 연습하고 자신이 습득한 기술을 가장 잘 사용하는 사람이 승리하는 것이 공평하기 때문이지요.

하지만 유전 공학이 많은 것을 바꾸기 시작했습니다. 이제 과학자들은 개개인의 유전적 특징을 분석하여 그 사람이 마라톤에 적합한지 아니면 단거리 경주에 적합한지를 알 수 있게 되었지요. 이런 검사로 사람들

은 자신에게 성공 가능성이 큰 종목을 고르게 될 거예요. 물론 어떤 스포츠에서든 훌륭한 선수가 되려면 고된 훈련이 필요해요. 그런데 이제는 유전자 검사에서 확인된 정보를 참고하여 자신에게 잘 맞는 운동을 미리 고를 기회가 생긴 거예요. 하지만 일부에서는 유전자 검사를 이용해 경쟁에서 불공정한 우위를 차지하는 사람이 생길까 봐 걱정하는 목소리가 나오고 있답니다.

그보다 더 큰 문제는 운동 능력을 높이기 위해 선수에게 인체 호르몬을 주사하는 것입니다. 현재 사용 금지된 약물 중에는 EPO(에리트로포이에틴:erythropoietin)이 있어요. 이 약물은 혈액에 포함된 적혈구의 생산량을 늘려 근육의 지구력을 높이는 호르몬이에요. 실제로 생쥐의 몸속에 성장 촉진 호르몬 유전자를 삽입한 과학자들은 그 결과로 동물의 기본적인 체력과 지구력이 높아진다는 사실을 확인했어요. 더군다나 다량의 호

실험용 생쥐의 몸속에 성장 촉진 호르몬 유전자를 삽입하자 정상적인 생쥐보다 훨씬 덩치가 큰 이른바 마이티 마우스(mighty mouse)가 탄생했다. 하지만 이러한 실험을 윤리적이라 할 수 있을까?

육상 선수 벤 존슨은 1988년 서울올림픽 100미터 단거리 경주에서 1위를 차지했다. 하지만 그는 금지 약물 검사에서 양성 반응이 나타나 메달을 박탈당했다. 1989년에는 스테로이드를 사용한 사실을 고백하기도 했다.

르몬 때문에 나이가 들어도 근육이 약해지지 않는다는 결과도 나왔다고 해요.

또 한 가지 걱정되는 것은, 미래에 운동선수들이 유전자 치료법을 이용해 근육에 성장 촉진 호르몬 유전자를 이식할지도 모른다는 점입니다. 지금은 기술적으로 불가능한 일이지만, 이런 시술이 현실로 이루어진다면 이식 여부를 감지해 내기도 무척 어려워질 거예요.

어떤 비평가들은 운동선수들이 유전 공학 기술을 활용하지 못하도록 막을 방법이 없다고 말합니다. 그래서 앞으로 공정한 경쟁을 하려면 스포츠를 두 가지 부문으로 나눠야 한다고 주장하지요. 보통 사람을 위한 경기와 '유전적으로 향상'된 이들을 위한 경기로 말이에요.

서로 다른 관점

앞으로 유전자 **도핑**을 보지 않으려면 장님이 되는 수밖에 없을 것이다.

– **딕 파운드** 선수들의 금지 약물 복용 여부를 검사하는 기관인 세계 반도핑 기구 위원장

위험하지만 않다면 유전자 도핑을 금지할 필요는 없다. 그래야 동등하게 경쟁이 가능할 것이다.

– **론 클라크** 오스트레일리아의 전 국가대표 선수

간추려 보기

- 유전 공학은 군사와 스포츠 등 다양한 분야에서 여러 모로 새로운 가능성을 보여 준다.
- 유전 공학으로 인하여 얻는 이익보다 해악이 커지지 않게 하려면 새로운 관리 체계가 필요하다.

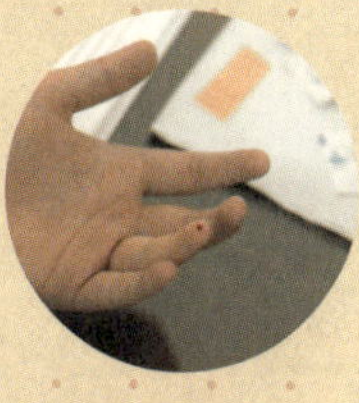

7
CHAPTER

유전 공학의 미래

1980년 전까지는 생물에 대해 특허권을 획득한 사람이 아무도 없었습니다. 생명체가 자연의 일부라고 생각했기 때문이지요. 그러나 1980년 미생물을 비롯한 생명체에 대한 특허를 인정한 미국 대법원의 판결을 시작으로 이러한 사고가 확 바뀌었어요. 그때부터 새 유전자 염기 배열을 발견한 많은 이들이 특허권을 손에 넣게 되었지요. 이를 계기로 생명 공학 회사들이 유전자 연구에 자금을 투자하고 돈을 벌어들일 기회를 잡을 수 있었답니다.

특허는 이미 15세기부터 존재했습니다. 특허란 발명가가 자신의 발명품을 법적으로 등록하는 제도를 뜻해요. 특허를 통해 남들이 자신의 발명품을 마음대로 사용하지 못하게 막을 수 있었지요. 또한 일정한 사용료를 받고 자신의 발명품을 사용하도록 허락할 수도 있어요. 일단 특허 등록이 되면 해당 발명품을 만든 사람은 그 권리가 20년간 보호돼요. 이 제도는 새로운 발명을 장려하고 사람들이 기술을 원활히 공유하도록 돕기 위한 것이에요. 아마 특허 제도가 없다면 발명가는 자신의 연구 결과를 비밀에 부치려 하겠지요.

생명체의 특허권

1980년 전까지는 생물에 대해 특허권을 획득한 사람이 아무도 없었습니다. 생명체가 자연의 일부라고 생각했기 때문이지요. 그러나 1980년 미생물을 비롯한 생명체에 대한 특허를 인정한 미국 대법원의 판결을 시작으로 이러한 사고가 확 바뀌었어요. 그때부터 새 유전자 염기 배열을 발견한 많은 이들이 특허권을 손에 넣게 되었지요. 이를 계기로 생명 공학 회사들이 유전자 연구에 자금을 투자하고 돈을 벌어들일 기회를 잡을

폴란드 크라쿠프의 축산학 연구소에서 즈지슬라프 스모라그 교수(왼쪽)와 마리아 스크줘쇼프스카 박사(오른쪽)가 새로운 클로닝 기술로 탄생한 토끼를 선보이고 있다. 현재 두 연구진은 새로운 클로닝 기술의 특허 등록을 기다리고 있으며, 이 신기술이 유용한 의학용 단백질을 생산하는 동물을 길러 내 인체 이식이 가능한 동물 장기를 만드는 데 쓰이길 기대하고 있다.

수 있었답니다.

어떤 사람들은 한 사람이 특정한 유전 물질의 소유권을 주장하는 것이 옳지 않다고 주장합니다. 그들은 특허라고 하면 등록할 발명품이 이전에 없던 새로운 것이어야 한다고 생각했어요. 하지만 유전자는 이미 수백만 년 동안 존재해 왔던 것이니까요.

현행 특허법에 반대하는 사람들은 "수백만 년간 수많은 생물의 몸속에 존재한 염기 배열을 어떻게 한 개인이 고안했다고 주장하는가?"라고 물어요. 반대로 찬성론자들은 DNA를 '생명'으로 볼 수 없으므로 윤리적으로 아무런 문제가 없다고 주장하고 있지요.

유전자 특허에 반대하는 사람들은 동물의 유전자를 조작하여 특허권을

알아두기

유전자 특허를 받으려는 사람은 유전자의 새로운 염기 배열을 확인하고, 그것이 세포 내에서 무엇을 생산하는지 명확히 알아내야 하며, 그 생산물의 목적을 명시해야 한다. 즉, 생산물이 세포 내에서 어떤 기능을 하는지 설명해야 한다. 또한 관련 전문가가 명시된 목적에 맞게 해당 염기 배열을 사용하도록 허가해야 한다.

얻는 사람들을 인정하지 않고 있습니다. 이런 관점에서 유전자 변형 생쥐 같은 '고등 생물'의 특허를 허용하지 않는 나라는 캐나다가 유일하답니다.

또, 유전자 특허와 함께 떠오른 문제가 있습니다. 그건 바로 특허권을 보유한 회사들이 특정한 유전자를 경쟁사가 사용하지 못하게 막는다는 것이에요. 그렇게 되면 아예 경쟁 자체가 불가능하게 되고, 또 새로운 발상이 제시되어도 연구가 빠르게 진행되지 못해요. 게다가 그 유전자의 활용법을 새로 개발하는 것 또한 특허법에 의해 제한되기도 한답니다.

유전자 검사와 보험 제도

사람들은 언젠가 사고나 질병으로 더 이상 돈을 벌지 못하게 되거나 갑자기 닥친 문제를 해결하는 데 큰 비용이 들까 봐 걱정합니다. 이를테면 집에 불이 나서 복구 비용이 많이 든다거나 콩팥 기능에 문제가 생겨서 더는 일을 할 수 없는 상황처럼 말이지요.

이러한 문제에 미리 대비하는 방법으로 보험 가입이 있습니다. 많은

서로 다른 관점

유전자 특허로 얻을 잠재적인 이익보다는 거기서 나타날 위험성이 훨씬 더 크게 느껴질 것이다. 그런 법은 반드시 금지해야 한다.

– **밀드레드 조** 스탠퍼드 대학교 의료윤리센터 부소장 겸 생물학 교수

유전자와 관련된 발명 특허는 새로운 의료 제품을 개발하는 데 강력한 자극제가 될 것이다. 특허가 없다면 치료제도 나올 수 없다는 건 자명한 일이다.

– **앤드루 시어드** 생물산업협회의 지적 재산권 자문위원회 대표

사람이 같은 종류의 위험에 대비하여 소량의 금액을 정기적으로 내는 방법이에요. 이렇게 납입한 보험금은 가입자가 곤경에 처했을 때 일정 금액을 지급해 주는 방식이지요.

그런데 보험 제도는 모든 가입자가 동일한 조건을 유지할 수는 없습니다. 어떤 문제가 발생할 위험이 큰 가입자는 그럴 우려가 적은 가입자보다 많은 돈을 내야 하지요. 예를 들어, 영국에서 25세 이하의 남성은 자동차 보험료를 남들보다 더 많이 내야 해요. 그 연령대의 남자들이 같은 나이의 여성이나 그보다 연상인 남자들보다 사고를 일으킬 위험이 크기 때문이에요. 만에 하나 사고가 났을 때 보험 회사로부터 보험금 지급을 요청할 가능성이 더 큰 만큼 보험료를 더 내는 것이지요.

건강 보험에 가입할 때는 우선 보험 회사에 과거의 병력이나 현재 건

강 상태에 대해 이야기해야 합니다. 그러면 회사에서는 보험 가입 예정자가 병에 걸릴 위험을 계산하여 내야 할 적정한 보험료를 제시하게 되지요. 이 방식은 보험 가입을 원하는 당사자와 보험 회사가 같은 정보를 공유할 때만 가능하답니다.

이제 우리는 유전자 검사로 특정한 유형의 암이나 뇌 질환 같은 문제가 생길 가능성을 미리 알 수 있습니다. 그러나 대개 검사 결과만으로는 나중에 어떤 병이 발생하리라고 판단하기 어렵지요. 여기에는 그 사람의 식생활과 흡연 여부, 정기적인 운동 습관 등 다양한 요소가 영향을 미치기 때문이에요.

하지만 유전자에 결함이 있다는 결과가 나오면 일단 그 사람은 자신에게 특정 질환이 발생할 위험성이 더 높다는 사실을 알게 됩니다. 그러면 애초부터 보험금을 많이 받을 가능성을 염두에 두고 보험에 가입하는 사람도 생길 거예요. 이런 사람들이 늘어나면 회사에 들어오는 돈보다 보험금으로 빠져나가는 돈이 더 많아져 보험 제도가 무너지고 말겠지요.

현재는 보험 회사에서 가입자에게 특별히 유전자 검사 결과를 묻지 않고 있습니다. 그러나 단 한 가지 예외가 있어요. 과거에 헌팅턴 무도병 검사를 받은 사람은 보험 회사에 그 사실을 반드시 말해야 하지요. 이 병은 유전자 검사로 확실한 답이 나오므로 다르게 분류되고 있는 거예요. 만약 현재 어떤 병을 앓는 환자가 예전에 유전자 검사로 병명을 확인한 적이 있다면 그 사람은 자신이 가입한 보험 회사에 과거의 '진단' 정보를 밝혀야 한답니다.

유전적 소외층

앞으로 보험 회사에서 모든 유전자 검사 결과를 요구하지는 않을지 걱정하는 사람이 많습니다. 그러면 건강 보험에 아예 가입하지 못하는 사람들이 생길 수도 있기 때문이지요. 만약 이런 일이 현실화된다면 여러 방면에서 문제가 나타날 거예요. 특히 서양에서는 집을 구매하거나 특정 직업을 구할 때 종종 건강 보험 가입 여부를 묻기도 한답니다.

우리의 미래

현재의 과학자들은 세포의 유전자 정보를 읽고 바꾸는 강력한 기술을 손에 넣게 되었습니다. 과연 이 기술은 인류를 어디로 이끌게 될까요?

혈액 검사를 통해 유전병을 확인할 수 있다.

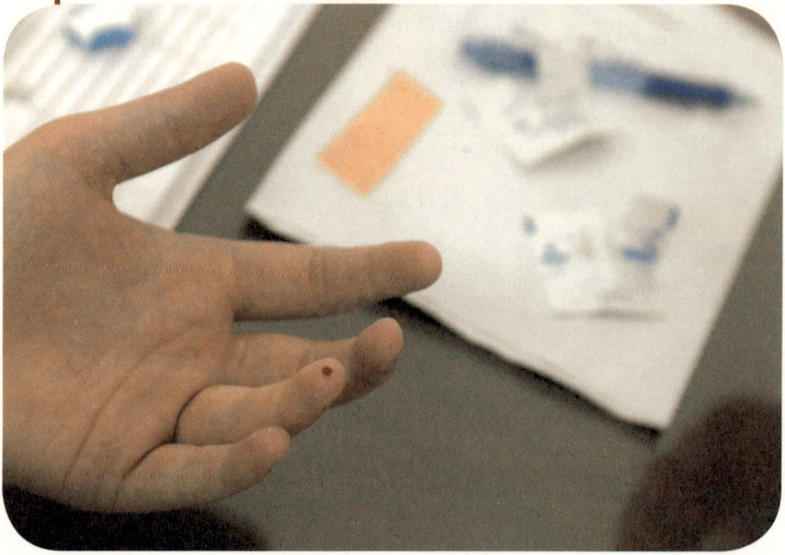

잭 젬쉬는 희귀한 뼈 질환을 앓고 있다. 미국의 보험 회사에서 고가의 치료비를 이유로 건강 보험 적용을 거부하는 바람에 이 아이는 2005년 한 해 동안 거의 치료를 받지 못했다. 아이의 의료비 중 상당 금액을 직접 내야 했던 잭의 부모는 보험 회사를 고소하기에 이르렀다.

또 우리는 진정으로 그 길을 원하는 것일까요?

아마 과학자와 의사들은 유전자 조작이라는 새로운 능력을 각종 장애나 질병을 고치는 데 쓰려고 할 것입니다. 이 점은 바람직하다고 할 수 있어요. 하지만 그 전에 장애와 질병이 무엇인지 명확하게 정의할 수 있어야 해요. 뇌의 일부 신경 세포를 파괴하는 헌팅턴 무도병처럼 심각한 질환을 고치는 것은 분명히 좋은 일이에요. 하지만 빠르게 달리지 못하거나 생각을 제대로 하지 못하거나 혹은 키가 크게 자라지 않는 원인을 꼭 고쳐야 하는 걸까요? 우리는 이상적인 사회를 만들기 위해 인간을 고

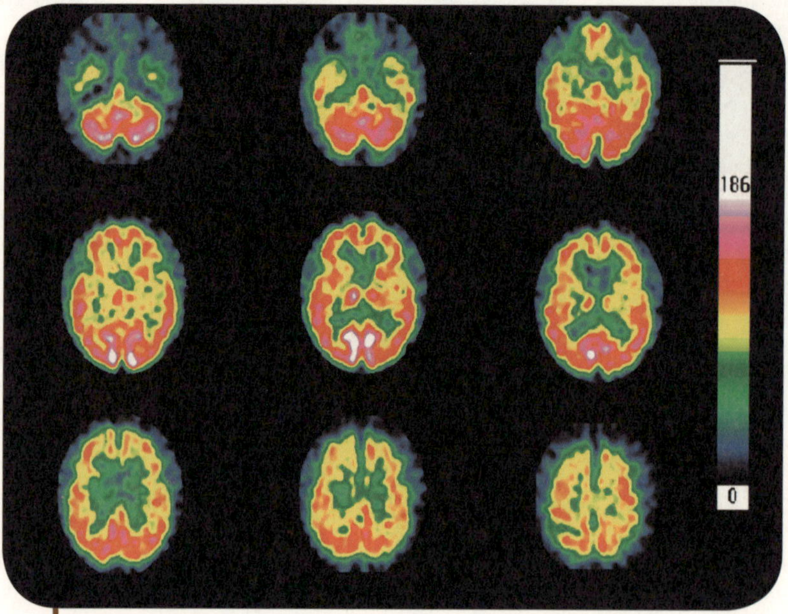

요즘은 의료 검진 기기의 발달로 헌팅턴 무도병 같은 유전병에 의한 뇌의 활동 변화를 곧바로 감지할 수 있다.

쳐야 할까요, 아니면 모든 사람을 있는 그대로 아끼며 보살피는 사회를 만들어야 할까요?

농업과 산업 분야에서 유전 공학은 유용한 물질을 생산하는 각종 식물, 동물, 박테리아를 만들어 냅니다. 이제 남은 과제는 이 혜택을 부유한 이들만이 아니라 더 많은 사람이 누리게 하는 것이지요.

앞으로 우리 인간은 새롭게 탄생한 생물들을 계속 통제할 수 있을까요, 아니면 유전자 변형 생물이 마구 번식하여 자연의 동식물이 멸종하게 될까요?

유전 공학의 한계

이제 유전자가 단순히 세포의 활동을 지시하는 데 그치지 않고 생명체와 관련된 여러 가지 부분에서 중심적인 역할을 한다는 사실이 점차 밝혀지고 있습니다. 하지만 세포는 유전자뿐만 아니라 그 주변 환경에도 영향을 받아요. 게다가 유전자는 세포 내에 존재하는 다른 유전자로부터도 크게 영향을 받지요. 그래서 각종 질환이 발병할 가능성을 더 확실하게 예측하려면 수십에서 수백 가지 유전자의 돌연변이를 관찰해야 해요.

그밖의 병은 대개 박테리아나 바이러스 때문에 생깁니다. 또 몇 가지 특별한 질병을 피하려고 배아를 미리 검사한다고 해서 태어난 아이가 반드시 건강하리라 장담할 수는 없어요. 유전자 이외의 원인으로 병이 발생할 가능성이 여전히 존재하는데다, 자동차 사고 같은 문제로 불구가 되는 것은 유전자 검사로 도저히 막지 못하기 때문이지요.

유전 공학 논쟁이 계속될 때는 실제로 무엇이 가능하고 무엇이 불가능한지를 곰곰이 생각해 봐야 합니다. 일례로 과학자들은 벼에 비타민 A의 함유량을 늘리는 유전자를 도입한 후 이 방법이 세계 곳곳의 영양 문제를 해결할 것이라고 주장했어요. 하지만 현실적으로는 별 차이가 없었지요. 사람의 몸은 쌀과 함께 녹황색 채소를 먹어야 비타민 A를 흡수하는데, 이 비타민이 필요한 이들 중 대다수가 쌀과 채소를 쉽게 구하지 못하기 때문이에요.

이 사례를 통해 많은 의문이 제기되었습니다. 과연 비타민 A 부족을 겪는 사람들이 채소를 구할 수 있을까요? 아니, 애초에 그들이 이런 쌀을 살 수는 있는 걸까요? 혹시라도 이 유전자 변형 벼가 자연환경에 예

유전 공학의 실체를 왜곡하여 사람들에게 공포감을 조정하는 일도 가능하다. 유전자 변형 식품의 위험성을 강조하기 위해 의도적으로 사람에게 보호복을 입힐 수도 있기 때문이다.

기치 못한 영향을 미치지는 않을까요?

그렇지만 유전자 변형 작물이 세계 인구의 영양 불균형 문제를 해결하리라는 희망은 여전히 존재하고 있습니다. 지금은 유전 공학이라는 매우 강력한 도구가 인류에게 많은 혜택을 안겨 주고 있지만, 미래에도 그렇게 되기 위해서는 좀 더 신중하고 소심스럽게 유전 공학을 연구해 나가야 합니다.

간추려 보기

- 유전 공학은 생물체의 기능과 작용 원리에 대한 이해의 폭을 점점 넓히고 있다.
- 유전 공학 덕분에 과학자들은 각종 질병의 진단법과 새로운 치료법을 개발하게 되었다.
- 유전 공학은 작물 재배와 가축 사육 분야에 새로운 방법을 도입하여 계속 증가하는 전 세계 인구를 위해 식량 공급 대책을 마련하고 있다.
- 유전 공학 때문에 인위적으로 통제하기 어려운 유전자 변형 생물이 생겨날 위험성이 있다.
- 다양한 유전자 검사법의 발달로 새로운 형태의 차별이 나타날 가능성도 존재한다.

용어 설명

겸형적혈구 빈혈증 적혈구(몸속에서 산소를 운반하는 세포)를 제어하는 유전자의 결함으로 발생하는 병. 그 결과 적혈구 모양이 비정상적으로 변하여 산소 운반에 문제가 생긴다.

골수 뼈의 중심부에 존재하는 다공성 물질. 새로운 혈액 세포를 생성한다.

과학 수사(Forensic Science) 법원이 피고인의 유죄 여부를 판단하는 데 도움이 되는 증거를 제공하기 위해 수행하는 각종 연구 조사 활동. forensic는 forensis라는 라틴어에서 나온 말로, '포럼 광장의'라는 뜻이다. 포럼 광장은 고대 로마의 장터이자 재판이 열리는 장소였다.

당뇨병 소변에 당분이 많이 섞여 나오는 병. 당분을 분해하는 효소인 인슐린이 부족하여 생긴다.

도핑 운동선수가 좋은 성적을 올리기 위하여 심장 흥분제나 근육 강화제 등의 약물을 먹거나 주사하는 일. 이런 약물을 사용하는 것은 부정행위로, 금지되고 있다.

돌연변이 유전자나 염색체의 구조에 변화가 생겨 새로운 형질이 나타나는 현상.

디옥시리보핵산(DNA) 유전 정보가 담긴 생체 고분자 물질. 세포는 DNA의 정보를 읽어 내고 분열할 때마다 새로운 세포로 그 정보를 전달한다.

미생물 현미경으로만 볼 수 있는 작은 생물.

바이러스 살아 있는 세포 내부로 침투하여 자신의 DNA를 복제하고 증식시키는 미생물.

박테리아 일반적으로 세포 하나로 구성된 생물체. 일부 박테리아는 질병을 일으킨다.

분자 특정한 형태로 결합한 원자 집단.

세포핵 세포 내의 한 구획으로 염색체가 있는 곳.

알츠하이머병 뚜렷한 원인을 알 수 없는 뇌

위축으로 기억력과 지남력이 감퇴하는 병. 대개 65세 이후에 발생한다. 노인성 치매라고도 한다.

염기 DNA를 이루는 단위. 염기에는 네 종류가 존재하며 이들의 '조합'으로 유전 암호가 만들어진다.

염색체 DNA가 잔뜩 뭉친 실타래 모양의 구조물. 세포핵 내부에 존재한다. 생물 종류에 따라서 그 수가 다르며 대개 짝을 이뤄 존재한다.

원자 일반적인 물질을 이루는 기본 단위.

유전체 한 생물체가 지닌 모든 DNA 염기 배열의 집합체.

육종 특정한 형질을 지닌 자손을 만들기 위해 생물의 암수를 선별하여 교미시키는 방법.

인공 수분 수술의 꽃가루가 암술에 붙는 생식 과정을 사람이 직접 작업하는 것.

젖샘 유방 속에 있는, 젖이 나오는 샘.

제한 효소 DNA의 특정 염기 배열을 식별하여 절단하는 효소. 세포에 침입하는 DNA를 판별하고 절단하여 제거하는 세균의 자기방어 기구이다.

클로닝(cloning) 인공적인 방법으로 부모와 유전적으로 똑같은 아이를 만드는 일.

혈우병 피가 잘 응고되지 않는 병. 유전병의 하나로서 대개 남자에게 나타난다. 작은 상처에도 피가 잘 응고되지 않아 목숨을 위협할 만큼 대량의 출혈이 발생한다.

호르몬 신체의 한 부분에서 생산되어 다른 부분을 조절하는 데 사용되는 분자 물질.

A, T, C, G DNA를 구성하는 4종의 염기. A는 아데닌(adenine), T는 티민(thymine), C는 시토신(cytosine), G는 구아닌(guanine)을 뜻한다.

X연관성 질환 X염색체 상의 결함으로 발생하는 병. 이 염색체는 주로 어머니로부터 전달되어 남자 자손이 병에 걸리는 경우가 많다.

연표

1만 년 전 인류가 야생 식물을 선별하여 식용 작물로 재배하기 시작했다. 이것이 오늘날의 밀과 벼 같은 작물로 발전했다.

1859년 찰스 다윈이 《종의 기원》을 출간했다. 이 책으로 말미암아 사람들은 생물체 내의 정보가 한 세대에서 다음 세대로 전달되며 이 특성이 서로 다른 개체 간의 교배로 점차 바뀐다는 사실에 주목하기 시작했다.

1865년 그레고르 멘델이 자신의 연구 결과를 논문으로 펴내어 유전 정보를 구성하는 단위가 존재함을 암시했다.

1866년 에른스트 헤켈이 세포핵 속에 유전 정보가 저장된다고 주장했다.

1869년 프리드리히 미셰르가 세포핵에서 DNA를 발견했다.

1953년 프랜시스 크릭과 제임스 왓슨이 DNA 분자의 유전 정보 복제 및 저장 방식을 밝혔다.

1968년 스튜이트 린과 베르너 아르버가 세포 내에서 DNA의 특정한 부위를 잘라내는 '제한 효소'를 발견했다.

1977년	월터 길버트와 프레데릭 생어가 독자적으로 DNA 염기 배열을 결정하는 방법을 개발했다.
1990년	인간 유전체 계획이 시작되었다. 사람을 대상으로 한 유전자 치료가 처음으로 시도되었다.
1996년	영국 정부가 국립 DNA 자료은행을 설립했다. 성숙한 양의 체세포 복제 실험이 성공하여 복제 양 돌리가 탄생했다.
2000년	인간 유전체의 초안이 발표되었다. 희귀병에 걸린 몰리 내쉬의 치료를 위해 조직 이식의 적합성을 확인하는 배아 선별 검사가 수행되었다. 그 결과, 적절한 배아가 발견되어 어머니의 자궁에 착상했고, 마침내 아담 내쉬가 태어났다.
2001년	최초의 유전자 변형 영장류인 앤디가 탄생했다.
2002년	종교 단체 라엘리언 무브먼트가 인간을 복제했다고 주장했으나 증거를 제시하지 못했다. DNA 감식법을 통해, 1973년에 여성 세 명을 성폭행하고 살해한 범인이 드디어 밝혀졌다.
2003년	인간 유전체의 해독 작업이 거의 완료되었다.
2004년	지뢰의 매장 여부를 밝히는 유전자 변형 식물이 탄생했다. 수컷 없이 암컷 생쥐 두 마리의 유전자만으로 새끼 생쥐가 탄생했다.

더 알아보기

한국생명공학연구원 www.kribb.re.kr

우리나라 생명 공학 기술 개발의 중추 기관으로, 생명 현상의 근본적 이해를 위한 기초 연구를 비롯하여 보건의료, 식량증산, 바이오 신소재, 환경정화, 신에너지 개발 등 첨단 생명공학연구를 수행하고 있는 국내 유일의 바이오전문 정부출연 연구 기관이다.

RDA농촌진흥청 국립농업과학원 www.naas.go.kr

기후 변화와 식량난으로 인한 미래 농업 환경 변화에 능동적으로 대응하기 위해 농촌 어메니티 자원, 기능성 식·의약품 소재, 신재생에너지, 기후 변화 대응 작물, 농산물 안전 관리, 유전자원 등을 연구하고 있는 기관이다.

한국유전학회 www.kgenetics.or.kr

생명 과학에서 가장 중요하고 기본적인 유전학을 대표하는 학회로, 유전학에 관한 연구를 장려하고 그 지식의 보급을 도모하여 학술 발전에 이바지함을 목적으로 설립된 학술 단체이다.

한국바이오안전성정보센터 www.biosafety.or.kr

유전자변형생물체를 중심으로 최근 새롭게 대두된 바이오 관련 국제 무역 질서에 대응하기 위한 국제법 및 국내법적 정보 의무 사항 및 교육·홍보 업무의 이행을 통하여 정보 전문 기관으로서의 역할을 수행하며, 나아가 우리나라 바이오산업의 건전한 발전을 촉진하고 있는 센터이다.

미국 국립생물정보센터 www.ncbi.nlm.nih.gov

미국 보건성 산하 국립 의학도서관의 운영 분야 중 하나로, 생명 과학 및 의학 논문 인덱스의 데이터베이스인 펍메드(PubMed), 유전체 서열 데이터베이스인 진뱅크(GenBank)를 비롯하여 각종 생명 공학 정보를 온라인으로 열람할 수 있는 검색 사이트이다.

찾아보기

디베이트 월드 이슈 시리즈

세상에 대하여 우리가 더 잘 알아야 할 교양

전국사회교사모임 선생님들이 번역한 신개념 아동·청소년 인문교양서!

《디베이트 월드 이슈 시리즈 세더잘》은 우리 아이들에게 편견에 둘러싸인 세계 흐름에서 벗어나 보다 더 적확한 정보와 지식을 제공합니다. 모두가 'A는 B이다.'라고 믿는 사실이, 'A는 B만이 아니라, C나 D일 수도 있다.' 는 것을 알려 주면서 아이들이 또 다른 진실을 발견하도록 안내합니다.

★ 전국사회교사모임 추천도서 ★ 문화체육관광부 우수교양도서 ★ 한국간행물윤리위원회 청소년 권장도서 ★ 서울시교육청 추천도서 ★ 보건복지부 우수건강도서 ★ 아침독서 추천도서 ★ 대교눈높이창의독서 선정도서 ★ 학교도서관저널 추천도서

세더잘 18

낙태 금지해야 할까?

재키 베일리 글 | 정여진 옮김 | 양현아 감수

"낙태는 개인의 선택에 맡겨야 할까?"
vs "국가가 규제하고 제한해야 할까?"

낙태는 금지되어야 할까, 아니면 허용해야 할까? 만약 허용한다면 어디까지 허용해야 할까? 이와 같은 낙태에 대한 논쟁은 아주 오래전부터 끊임없이 지속되어 왔습니다. 낙태는 여성의 인권과 태아의 생명 중 어느 것을 우선해야 하느냐의 문제이기도 합니다. 그렇다면 여성의 인권과 태아의 생명 모두를 존중할 수 있는 가장 바람직한 해결책에 대해 생각해 봅시다.

세더잘 17

프라이버시와 감시 자유냐, 안전이냐?

캐스 센커 글 | 이주만 옮김 | 홍성수 감수

프라이버시는 인간의 본질적 권리로 우리 모두가 지켜 나가야 한다.
vs 개인 PR의 시대, 자신의 프라이버시를 얼마큼 보호하느냐는 각자가 선택할 사항이다.

거리 곳곳에는 CCTV가 넘쳐나고, 생체 정보로 신원을 확인하고, 인터넷을 쓰려면 사이트마다 개인 정보를 입력해야 하는 등 프라이버시 침해와 일상적인 감시가 만연한 시대가 되었습니다. 범죄 예방 등 공동체의 안전을 담보하고 정보화 시대의 편익을 누리면서도 기본적 인권인 프라이버시를 어떻게 지켜 낼 수 있을지 생각해 봅니다.

세더잘 16

소셜네트워크 어떻게 바라볼까?

로리 하일 글 | 강인규 옮김

소셜 네트워크는 표현의 자유를 확장할 것이다.
vs 사생활 침해를 증가시킬 것이다.

페이스북이나 트위터와 같은 소셜 네트워크는 우리가 더 빠르고 빈번하게 소식을 주고받도록 도와줍니다. 아이티에서 지진이 발생했을 때도, 허리케인이 미국을 강타했을 때도, 이 소식을 가장 먼저 전했던 것은 바로 SNS였습니다. 하지만 역기능도 만만치 않습니다. 소셜 네트워크는 우리 생활을 어떻게 바꾸고 있을까요?

세상에 대하여 우리가 더 잘 알아야 할 교양

세더잘 15

인권 인간은 어떤 권리를 가질까?

은우근, 조셉 해리스 글 | 전국사회교사모임 옮김

인권은 모든 지역,
모든 사람에게 동등하게 적용되어야 한다
vs 인권의 잣대를 일률적으로 들이대선 안 된다

신문을 펼치면 연일 보도되는 비정규직 문제, 주택 문제, 성폭력, 학교 폭력, 이주민 문제 등 인간사 모든 것이 인권과 관련되어 있습니다. 이 책은 인권 개념의 발견에서부터 하나하나의 구체적 권리를 세우기까지 인권 발전의 역사를 통해 인권의 이론과 실재를 한눈에 살피고 인권감수성을 키워 줍니다.

세더잘 14

관광산업 지속 가능할까?

루이스 스펠스베리 글 | 정다워 옮김 | 이영관 감수

관광산업은 일자리를 창출하고, 국가 경제에 큰 도움이 된다.
vs 관광산업은 자연을 훼손하고, 현지인의 전통적 삶의 방식을 파괴한다.

관광산업이 커지면서 사람들은 경제가 발전하고 다른 문화에 대한 접근성이 높아지는 이점을 누리게 되었습니다. 한편, 관광산업 노동자들의 근로 환경이 오히려 열악해지거나 자연이 훼손되는 부작용도 생겨났습니다. 이러한 문제들을 극복하기 위한 관광이 바로 지속 가능한 관광입니다. 책임관광, 공정여행이라고도 불리는 지속 가능한 관광을 다양한 관점에서 성찰해 봅니다.

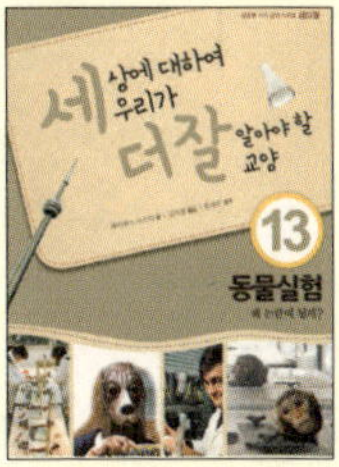

세더잘 13

동물실험 왜 논란이 될까?

페이션스 코스터 글 | 김기철 옮김 | 한진수 감수

동물실험은 과학과 의학의 진보를 위해 반드시 필요하다.
vs 동물실험은 무의미하게 생명을 죽이므로 폐지해야 한다.

동물실험은 새로이 개발된 의약품이나 화학물질 등을 시판하기 전, 그 안전성을 검증하기 위해서 거치는 과정입니다. 인류는 수많은 동물의 희생으로 건강한 삶을 얻었습니다. 그러나 그 희생이 과연 윤리적으로 합당한지는 생각해 볼 문제입니다. 첨예한 논란을 일으키는 동물실험의 찬반양론을 명쾌하게 정리한 이 책을 읽고 과학 윤리에 대해 생각해 봅시다.

세더잘 12

군사 개입 과연 최선인가?

케이 스티어만 글 | 이찬 옮김 | 김재명 감수

군사 개입은 인권 보호를 위해 필요하다.
vs 군사 개입은 다른 나라의 주권을 침해할 뿐이다.

군사 개입은 세계에서 가장 논란이 되는 문제 중 하나입니다. 군사 개입으로 인해 사람이 죽고 공동체가 파괴되기 때문이지요. 폭력을 막기 위해 또 다른 폭력을 사용해도 될까요? 전쟁에 시달리고 있는 지구촌이 평화를 되찾는 법은 없을까요? 이 책은 국제 사회의 뜨거운 감자, 군사 개입을 다루며 지구촌 폭력과 평화에 대해 폭넓게 성찰하게 합니다.

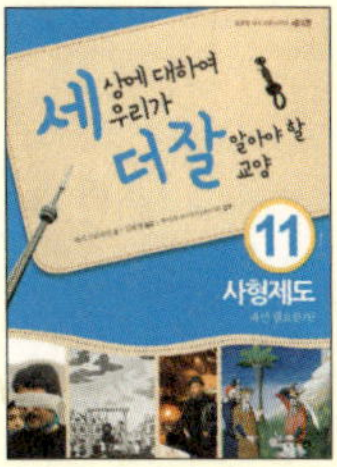

세더잘 11

사형제도 과연 필요한가?

케이 스티어만 글 | 김혜영 옮김 | 박미숙 감수

사형은 국가가 행하는 합법적인 살인이므로 폐지되어야 한다.
vs 사형은 범죄를 억제하는 가장 효과적인 방법이므로 존치시켜야 한다.

사형제도 존폐를 둘러싼 팽팽한 논쟁은 지금도 이어지고 있습니다. 이 책은 사형제도 존폐론 외에도 사형 집행의 과정을 생생한 사례와 구체적인 논거로 철저히 분석합니다. 과연 사형에서 공정한 집행이 이루어지고 있는지, 오류는 없는지 등을 포함해, 사형제도를 둘러싼 국제적 이슈를 담아냈습니다. 이 책을 읽고 사형제도에 대한 자신만의 생각을 정립해 봅시다.

세더잘 10

성형 수술 외모지상주의의 끝은?

케이 스티어만 글 | 김아림 옮김 | 황상민 감수

미용 성형 산업을 객관적인 시선으로 바라보도록 도와주어
현대 사회에 대한 근본적인 물음을 던지게 하는 책

성형 수술의 역사, 의미, 효과, 역사적 배경, 성형 산업의 현실 등을 상세하게 설명해 미용 성형에 대해 스스로 생각하고 합리적으로 판단할 수 있는 힘을 길러 줍니다. 마땅히 '수정되어야 할 몸'에 대한 끊임없는 강박과 열등감이 만연한 현대 사회를 어떻게 바라봐야 할지 다시 한 번 깊이 생각하게 해 줄 것입니다.

세더잘 09

자연재해 인간과 자연이 공존하는 길은?

안토니 메이슨 글 | 선세갑 옮김

자연재해에 관한 사회 · 과학 통합서 '자연 대 인간'에서 '자연과 인간'으로!

세계적으로 자연재해가 급증하고 피해 규모도 커지고 있습니다. 이 책은 자연재해의 유형과 원인을 과학 원리로 설명하고, 피해자 구조나 복구 과정, 방재 대책 등에 관해 체계적으로 살펴봅니다. 또한 자연재해의 이면에 숨어 있는 정치 · 경제적인 논의와 함께 인간의 무분별한 행태가 재해를 부추기는 면도 지적하며 인문학적인 성찰을 유도합니다.

세더잘 08

미디어의 힘 견제해야 할까?

데이비드 애보트 글 | 이윤진 옮김 | 안광복 추천

미디어는 규제받아야 한다. vs 미디어는 자유로워야 한다.

오늘날 제4의 권력이라고 불릴 정도로 강력해진 미디어의 힘에 대해 알아봅니다. 미디어를 지탱하는 언론 자유와 그 힘을 통제하려는 정부의 규제 사이에 벌어지는 논쟁에 대한 다양한 관점을 제시하고, 미래의 미디어가 나아가야 할 방향에 대해서 생각해 보도록 돕습니다.

세더잘 07

에너지 위기 어디까지 왔나?

이완 맥레쉬 글 | 박미용 옮김

지구 온난화, 전쟁과 테러, 허리케인…
이 모든 것은 에너지 위기에서 비롯되었다!

우리는 에너지 없는 세상에서 하루도 살 수 없습니다. 하지만 현재 속도로 에너지를 소비한다면 앞으로 40년 이내에 주에너지원인 석유가 고갈될 것입니다. 이 책은 에너지 위기가 불러올 정치, 사회, 경제, 환경의 변화를 알아보고, 무엇이 화석연료를 대신할 차세대 에너지원이 될지 꼼꼼히 따져 봅니다.

세더잘 06

자본주의 왜 변할까?

데이비드 다우닝 글 | 김영배 옮김 | 전국사회교사모임 감수

인류를 위한 가장 바람직한 자본주의의 변화상은 무엇인가?

자본주의의 역사와 발전상에 대해 알아보면서 자본주의라는 경제 체제가 인류를 위해 어떻게 복무했는지, 문제가 발생하면 그때마다 인류에게 봉사하기 위해 어떤 모습으로 변신했는지에 대해 알아봅니다. 이를 통해 논쟁이 끊이지 않는 21세기의 자본주의가 어떻게 변해야 할지에 대해 생각해 보도록 합니다.

세상에 대하여 우리가 더잘 알아야 할 교양

세더잘 05

비만 왜 사회문제가 될까?

콜린 힌슨, 김종덕 글 | 전국사회교사모임 옮김

왜 지구 한쪽에서는 굶어 죽는데,
다른 한쪽에서는 비만으로 죽는 걸까?

이 책은 이러한 역설에서 출발합니다. 오늘 '비만'이 왜 사회 문제가 되었는지 역사적, 문화적 관점에서 살피고 선진국과 개발 도상국에서 나타나는 비만 문제의 양상과 그 속에 숨은 식품산업의 어두운 그림자, 나아가 전 세계적 차원의 식량 문제로까지 사고의 범위를 넓혀 줍니다.

세더잘 04

이주 왜 고국을 떠날까?

루스 윌슨 글 | 전국사회교사모임 옮김 | 설동훈 전북대 사회학교 교수 감수

지구촌 다문화 시대의 국제 이주 바로 알기

오늘날 국제 사회와 다문화, 다민족 사회를 이해하기 위해 꼭 알아야 할 '이주'에 관한 책. 왜 사람들은 이주를 선택하거나 강요받는지에 대한 다양한 관점을 제시하고, 또 이에 대한 정부의 정책과 국제기구의 활동도 알려 줍니다.

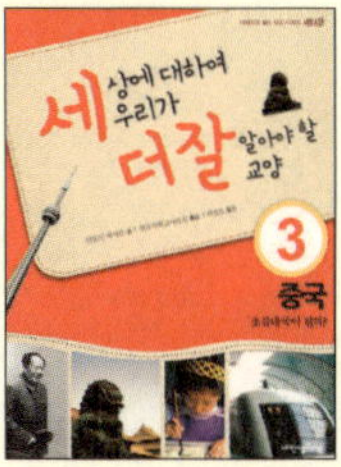

세더잘 03

중국 초강대국이 될까?

안토니 메이슨 글 | 전국사회교사모임 옮김 | 백승도 연세대 중어중문학 박사 감수

세계 초강대국으로 떠오르고 있는 중국 바로 알기

우리나라는 정치 · 경제적으로 중국과 더욱 긴밀한 관계를 맺고 있습니다. 가까운 미래에 중국의 영향력은 더 커질 것이기에 중국을 제대로 이해해야 합니다. 이 책은 객관적 시선으로 중국을 편견 없이 바라보도록 돕습니다.

세더잘 02

테러 왜 일어날까?

헬렌 도노호 글 | 전국사회교사모임 옮김 | 구춘권 영남대 정치외교학과 교수 감수

평화로운 세상을 위해 더 잘 알아야 하는 불편한 진실, 테러

이 책은 '테러'에 대해 어떤 특정 사건과 집단 대신'테러'라는 하나의 축으로 세계 갈등의 역사를 조망합니다. 나아가 평화로운 세상을 만들기 위해서'테러'에 대해 잘 알아야 한다고 역설합니다.

세더잘 01

공정무역 왜 필요할까?

아드리안 쿠퍼 글 | 전국사회교사모임 옮김 | 박창순 한국공정무역연합 대표 감수

공정 무역 = 페어플레이, 초콜릿과 축구공으로 보는 세계 경제의 진실

공정무역을 포함한 무역과 시장경제를 올바르게 이해하도록 돕습니다. 오늘날 기업은 생존과 발전을 위해서 사회적 책임을 다해야 하고, 따라서 공정무역에 관심을 가질 수밖에 없습니다. 우리 아이들이 미래의 리더가 되기 위해 꼭 알아야 할 공정무역에 관한 책입니다.

※디베이트 월드 이슈 시리즈 세더잘은 계속 출간됩니다.

내인생의책은 한 권의 책을 만들 때마다
우리 아이들이 나중에 자라 이 책이 '내 인생의 책'이라고 말할 수 있는 책을 만들고자 합니다.

세상에 대하여 우리가 더 잘 알아야 할 교양

⑲ 유전 공학 과연 이로울까? (원제: Genetic Engineering)

피트 무어 글 | 서종기 옮김 | 이준호 감수

초판 인쇄일 2013년 3월 5일 | 초판 발행일 2013년 3월 18일
펴낸이 조기룡 | 펴낸곳 내인생의책 | 등록번호 제10-2315호
주소 서울시 마포구 망원동 385-39 3층 (우)121-821
전화 (02)335-0449, 335-0445(편집) | 팩스 (02)6499-1165
전자우편 bookinmylife@naver.com | 카페 http://cafe.naver.com/thebookinmylife
편집주간 한소원 | 편집장 이은아 | 책임편집 황윤진 | 편집 김지연 손유진 강길주 조일현
디자인 심재원 한은경 | 마케팅 김상석

ISBN 978-89-97980-20-8 44300
ISBN 978-89-91813-19-9 44300(세트)

책값은 뒤표지에 있습니다. 잘못된 책은 구입처에서 바꾸어 드립니다.

이 도서의 국립중앙도서관 출판시도서목록(CIP)은 e-CIP홈페이지(http://www.nl.go.kr/ecip)와
국가자료공동목록시스템(http://www.nl.go.kr/kolisnet)에서 이용하실 수 있습니다.(CIP제어번호: CIP2013001158)

책은 나무를 베어 만든 종이로 만듭니다.
그래서 원고는 나무의 생명과 맞바꿀 만한 가치가 있어야 합니다.
그림책이든 문학, 비문학이든 원고 형식은 가리지 않습니다.
여러분의 소중한 원고를 bookinmylife@naver.com으로 보내주시면
정성을 다해 좋은 책으로 만들겠습니다.